조선 후기 '왜관'의 세계

동북아역사재단
교양총서 22

조선 후기
'왜관'의 세계

윤유숙 지음

倭館

간행사

　우리나라를 둘러싼 동북아 지역의 역사 갈등은 여전히 한창이고, 점차 심화되고 있습니다. 우리 동북아역사재단은 2006년에 동북아 지역의 역사 갈등을 미래지향적으로 해결하고, 나아가 역내 평화체제를 구축하려는 목적으로 출범하였습니다. 이때는 항상적으로 제기되고 있던 일본의 역사 왜곡에 더하여 고구려, 발해 역사를 둘러싸고 중국과 역사 분쟁이 일어났습니다.

　한국과 일본 사이의 역사 문제는 19세기 말 일제의 침탈과 식민지배 때부터 있어 왔습니다. 지금도 일제의 식민지배에 대한 진정한 사죄와 일본군 '위안부' 문제, 전쟁에의 강제동원과 수탈, 독도영유권 등을 둘러싸고 논쟁과 외교 마찰이 일어나고 있습니다. 중국은 개혁·개방 이후 급속하게 경제발전을 이루면서 체제를 안정시키고 선린외교에 주력하였으나, 주변국과의 관계에서 주도권을 잡고자 하는 과정에서 자연스럽게 역사 문제를 둘러싸고 이웃과 대립하게 되었습니다.

그중 동북 3성 지역의 역사에 대해서는 이른바 '동북공정'이라는 것을 통하여 중국 영토 안에서 일어났던 역사를 모두 자기 역사 속에 편입하고자 함으로써, 우리의 고대사(고조선, 부여, 고구려, 발해 등)와 충돌하게 되었습니다.

우리 재단은 이런 역사 현안을 우리 입장에서 연구하면서, 다른 한편으로 우리 국민이나 다른 나라 사람들이 우리의 연구 결과를 같이 공유하고, 이를 쉽게 알 수 있도록 교양 수준의 책을 출간하게 되었습니다. 한·중·일 역사 현안인 독도, 동해 표기, 일본군'위안부', 일본역사교과서, 야스쿠니신사, 고조선, 고구려, 발해 및 동북공정 관련 주제로 우리 재단 연구위원을 중심으로 재단 외부 전문가들로 필진을 구성하였습니다.

모든 국민들이 이 교양서들을 읽어서 역사·영토 현안을 올바르게 인식하고 나아가 우리가 동북아 역사 갈등을 주도적으로 해결하여, 평화체제를 이룩하는 데 주역이 되기를 바랄 뿐입니다.

동북아역사재단
이사장

책을 내면서

 부산광역시 중구에는 용두산(龍頭山)공원이라는 나지막한 산 정상에 부산타워가 있다. 현재 부산시민의 휴식처이자 관광지로 이용되고 있는 용두산공원의 역사를 검색해 보면 부산역사문화대전이나 그 밖의 사이트에서 다음과 같은 소개 글을 어렵지 않게 발견할 수 있다.

 용두산은 조선시대 초량소산(草梁小山), 송현산(松峴山) 등으로 일컬어졌고, 1876년 부산항 개항 후에는 소산(小山), 중산(中山) 등으로 불렀다. (중략) 용두산은 조선시대 초량왜관의 중심에 있는 숲이 우거진 산으로 소나무가 많아 송현산으로 불렀다. 일제강점기인 1915년 11월~1916년 6월에 공원이 만들어졌다. 정상에는 부산의 대표적인 신사인 용두산 신사가 있었으며, 1932년에는 옛 부산시청 자리에 용미산(龍尾山) 신사가 용두산 신사 오른쪽으로 옮겨 왔다. 용두산공원 계단을 올라가면 신사 입구를 알리

용두산공원과 부산타워

는 커다란 도리이[鳥居]가 있었다. 용두산 신사는 신사참배를 강요한 1935년 이후부터 일본인들의 중요한 거점이 되었으며, 1945년 11월 17일 화재로 사라졌다.

용두산은 일제강점기에 공원이 되었고, 정상에는 아마테라스[天照], 구니타마[國魂] 등 격이 높은 일본의 신(神)을 모시는 용두산 신사(神社)가 있어서 남포동으로 달리던 전차의 승객들은 이곳을 지날 때 용두산을 향해 큰절을 해야 했다고 한다. 이런 소개만 보아도 부산의 용두산이 일본과 대단히 관계 깊은 산이고, 그래서 일제강점기에 일본인들이 의미 있는 곳으로 취급했다는 것을 알 수 있다.

그런데 용두산에 신사가 건립된 것은 일제강점기가 아니라 그보다 훨씬 전인 조선시대였다. 조선 후기에 일본인들은 용두산과 인근의 용미산에 각각 신사를 세웠다. 대체 일본인들은 어떻게 조선시대에 일본의 전통 종교시설인 신사를 부산에 설립했던 걸까?

그것은 위의 검색 결과를 보면 알 수 있다. 조선 후기의 용두산은 '초량왜관(草梁倭館)' 중앙에 위치한 산이었고, 초량왜관은 쓰시마[對馬]에서 조선으로 건너온 일본인들이 외교·무역 업무를 보기 위해 머물던 곳이었기 때문이다. 즉 초량왜관은 조선에 건너오는 일본인들을 수용하기 위해 조선 정부가 초량에 건립한 '왜인(倭人)의 생활공간'이자 '통교 업무를 위한 시설군'이었다.

조선에 도항해 오는 일본인들의 거처로 만들어진 '왜관(倭館)'은 오랜 역사를 지니고 있다. 초량왜관은 조선시대에 처음으로 만들어진 왜관이 아니었다. 조선은 건국 초기인 1407년(태종 7)에 일본 무역선의 입항지를 부산포(부산)와 제포[薺浦, 내이포(乃伊浦), 창원]로 제한하여, 입항한 일본인들이 이곳에서 숙박하며 교역할 수 있게 했다. 입국한 일본인들이

일제강점기 용두산 신사의 하얀 도리이[鳥居]

아무 곳에나 정박하고 숙박하지 못하도록 입항하는 항구를 제한하고, 그곳에 왜관을 설치한 것이다. 왜관은 손님이 머무는 '객관(客館)' 이른바 조선시대의 '게스트 하우스'였다. 이후 1418년에는 염포(鹽浦, 울산)를 추가로 개항함에 따라 이곳에도 왜관이 설치되었다.

일반적으로 부산포·제포·염포를 '삼포(三浦)'라 한다. 삼포로 입항한 일본의 사신(使臣)들과 상인들은 도읍인 한성(漢城)으로 올라가 조선 국왕에게 진상품을 바치고 무역을 했다. 당시 한성에는 상경한 일본인들을 수용하는 시설인 '동평관(東平館)'이 있었는데, 동평관도 왜관이라 불렸다. 순수한 접객 시설인 동평관이 있던 마을은 '왜관동(倭館洞)'이라 하여

20세기 초까지 서울에 존재했었다. 일제강점기에는 '야마토초[大和町]'라고 개칭되었는데, 지금의 서울시 중구 충무로 일대이다.

삼포는 처음에 일본 배의 지정 입항지에 불과했지만, 세월이 흐르며 왜관 주변에 거주하는 일본인들이 점차 증가하여 1494년 무렵에는 제포에 2,500명, 부산포에 450명, 염포에 150명 정도가 거주했다. 조선의 항구에 일본인 마을이 형성된 것이다. 그러던 1510년, 조선 정부의 무역 통제에 반발한 일본인들이 삼포에서 무장폭동을 일으켜 조선인과 유혈 충돌하는 사태가 발생하자 삼포와 왜관은 폐쇄되었다. 1512년에 조선은 제포를 다시 개항했으나 무장폭동(왜변)이 다시 일어나 삼포의 왜관은 개폐를 거듭했다. 1592년 임진왜란이 발발하자 당시 유일하게 존재하던 부산포의 왜관은 일본군이 구축한 왜성(倭城)에 흡수되어 사라졌다. 부산포 왜관이 조선 전기에 가장 오래 존속된 왜관이다.

임진왜란이 종결되자 쓰시마는 전쟁으로 단절된 양국관계를 회복시키기 위해 조선에 사신을 파견하기 시작했다. 그러자 조선은 1601년 절영도(絶影島, 부산 영도)에 임시 왜관을 설치하여 그들을 접대했다. 이후 양국의 국교가 재개되면서 1607년 정식으로 '두모포왜관(豆毛浦倭館)'이 설치되었다. 양국의 교류가 본격적인 궤도에 오르자 더 큰 규모의 왜관을 원하는 쓰시마의 요청에 따라 1678년 초량왜관이 새롭게 세워졌다. 이후 실질적인 외교와 무역 업무는 초량왜관을 통해 이루어졌다.

조선 후기 일본의 대조선 통교 업무를 수행한 것은 쓰시마였다. 쓰시마는 도요토미 히데요시[豊臣秀吉] 정권이 몰락한 후 일본을 지배하던 에도 바쿠후[江戶幕府]의 승인을 받아, 조선과의 외교·무역을 독점적으로 전담했다. 왜관에는 매년 수십 척의 쓰시마 선박들이 입항했고, 평균 400~500명 정도의 쓰시마 사람들이 머물렀다.

초량왜관 안팎에는 이들을 수용하고 통교 업무를 수행하는 데 필요한 다양한 건물들이 조영되었다. 쓰시마의 외교 사절, 관리, 상공인, 하급무사 등이 기거하는 건물들을 비롯하여 각종 가게, 절, 신사, 매 사육장 등도 세워졌으며, 이 건물들을 크게 둘러싸는 형태로 담이 설치되었다. 길쭉한 사각형 모양을 한 초량왜관 한가운데에는 용두산이 있고, 바다에 면한 한쪽 귀퉁이에 용미산이 있었다.

조일관계는 일본에서 메이지 정부가 수립된 후 동요했다. 1871년 일본에서 폐번치현(廢藩置縣)이 실시되면서 일본 외무성은 쓰시마로부터 대조선 외교권을 접수하고, 1872년 초량왜관을 침탈하여 '대일본공관(大日本公館)'으로 개칭했다. 일본은 초량왜관 자리에 전관거류지를 설치하고, 용두산에 부산일본인관리청을 세웠다. 이후 일본영사관으로 개축하여 을사늑약 이후에는 부산이사청, 한국병합 후에는 부산부청(釜山府廳)으로 1936년까지 사용했다. 이처럼 초량왜관은 일제강점기에 이르러 부산 지역을 지배하기 위한 일본의 주요 근거지로 활용되었다.

조선과 쓰시마의 외교 교섭, 의례, 무역 등이 어떠한 원칙으로 행해졌고, 시기에 따라 어떻게 변화했는지는 이미 여러 책을 통해 소개된 바 있다. 다시로 가즈이[田代和生]는 『倭館―鎖國時代の日本人町』(文藝春秋, 2002)에서 왜관을 소개했고, 이 저서는 한국에서 정성일에 의해 『왜관-조선은 왜 일본 사람들을 가두었을까』(논형, 2005)라는 제목으로 번역되어 출간되었다. 다시로의 성과는 후일 증보개정판 『新倭館―鎖國時代の日本人町』(ゆまに書房, 2011)으로 출간되기도 했다. 왜관의 기본적인 사실에 관심이 있는 독자라면 이 책들이 도움이 될 것이다.

그런데 내가 이 책에서 그리려는 왜관은 그런 공식적인 통교 업무가 아니라 왜관을 둘러싸고 빈번하게 발생했던 '불법행위'와 '갈등 상황'이다. 여기에서 소개하는 불법행위는

용두산과 부산의 전경

일회성 에피소드나 돌발사고가 아니라 조선 정부가 '불법'으로 규정한 행위, 금지한 행위를 말한다. 문제는 이 규정에 쓰시마가 항상 동의한 게 아니라서 금지행위가 발각될 경우 갈등 상황으로 발전하곤 했다. 거듭된 요청과 설득에도 문제가 제대로 해결되지 않자 조선은 쓰시마와 '약조(約條, agreement)'를 체결하여 불법행위와 그것에 대한 처벌을 명문화했다.

　잠시 왜관이라는 공간을 상상해 보자. 그곳에는 쓰시마에서 온 남성들이 400~500명, 많을 때는 1천 명 가깝게 생활하고 있었다. 이들은 무사(상급에서 하급 무사까지), 상인, 공인, 농민, 승려, 의사, 통역관 등 신분도 다양했다. 외교 사신의 임무를 띠고 도항한 사람들은 대체로 수개월 정도 머물면서 정해진 의례를 치른 후 쓰시마로 돌아갔다. 이에 비해 왜관의 관리나 통교 업무와 관련하여 특정한 직책에 임명되어 온 사람이라든가 조선어를 습득하기 위해 온 유학생들은 몇 년씩 머무는 예도 흔했다. 이처럼 문화도, 언어도, 행동 규범도 다른 이방인 수백 명이 머물며 생활하다 보니 왜관과 그 주변에서는 갖가지 사건과 사고, 분쟁이 발생했다.

왜관 내부에서 일본인들 사이에 발생한 분쟁은 쓰시마가 자체적으로 처리했다. 하지만 조선인과 일본인 사이에서 발생한 사안이나 양국인이 함께 모의한 사건은 처리가 쉽지 않았다. 양국인의 접촉으로 발생한 사건은 밀무역, 상해, 살인, 도난, 난출(闌出, 왜관 무단 이탈), 교간(交奸, 조선 여성과 일본 남성의 성관계) 등으로, 이 중에서 조선 정부가 가장 심각하게 인식하여 통제한 것은 밀무역·난출·교간이었다. 요즘 표현을 빌리면 '조선이 극혐한 3대 행위'였다고나 할까.

조선 정부는 기본적으로 여러 규정을 만들어 놓고 통교 업무를 관리·감독했다. 이는 조선뿐만 아니라 자국에 외국인 체류 시설이 있는 중국과 일본도 마찬가지였으며, 전통시대 동아시아에서는 보편적인 현상이었다. 조선 정부는 규정과 감독을 피해 왜관의 일본인과 접촉하여 불법행위를 도모하는 조선인을 엄벌했다. 특히 밀무역과 교간에는 매우 엄격했다.

또 일본인이 왜관을 멋대로 벗어나지 못하게 했다. 조선 정부는 일본인이 조선 내지를 배회하면서 군사시설에 관한 정보나 지리 정보를 얻게 되는 것을 매우 우려했다. 임진왜란이 발생하기 전, 이른바 삼포왜관 시대에 일본인들이 삼포에서 한성을 왕복하며 얻게 된 조선의 도로 사정과 지리 정보가 임진왜란 때 일본군의 한성 진격에 활용되었기 때문이다. 이 뼈아픈 경험 때문에 조선은 통교가 재개되자 일본인의 행동 범위를 왜관 안으로 한정했다. 이를 어기고 무단으로 왜관을 이탈하는 행위, 즉 '난출'에 대해 조선은 쓰시마 번청(藩廳)에 강력한 처벌을 요구했다.

하지만 밀무역, 난출, 교간을 엄격하게 금한 것은 어디까지나 조선이었고, 쓰시마의 입장은 달랐다. '3대 금지행위'를 바라보는 조선과 쓰시마의 시각에는 차이가 있었다. 밀무역부터 살펴보면, 쓰시마도 번청의 허가를 받지 않은 무역에 대해서는 엄격하게 단속하고 처벌도 했다. 하지만 '쓰시마의 이익을 위해 번청이 묵인한 무역'일 경우 갖가지 핑계를 대며 조선의 처벌 요구를 거부했다. 번 차원에서 이익이 되는 밀무역이니 그럴 수도 있겠다 싶지만, 심각한 것은 난출과 교간이었다. 쓰시마는 난출과 교간에 대해서는 불법이라는 인식조차 희박했기 때문에 처벌 문제를 놓고 조선 정부와 자주 충돌했다.

조선과 쓰시마는 이런 난제를 어떻게 처리했을까? 쓰시마는 난출과 교간을 어떤 식으로 인식하고 있었을까? 이 문제를 놓고 조선과 쓰시마가 체결한 약조는 어떤 내용이며, 실제 사건에서 어떻게 적용되었을까?

이 책은 조선 후기에 발생했던 밀무역, 난출, 교간 등의 사례를 꼼꼼하게 살펴 이런 의문에 답을 찾고자 시작되었다. 조선 정부가 만든 각종 제도와 규정만으로는 알 수 없는 생생한 '왜관의 세계'를 펼쳐 보이는 것, 사실은 매우 '다채로웠던' 조일 통교의 실상을 소개하는 것이 이 책의 목표이다.

대학원생 시절 나는 '왜관 통제'라는 시점에서 이른바 '불법행위'와 규정과의 관련성을 논문에서 다룬 적이 있었다. 일본에서 출간한 저서에 일부 내용을 담았지만, 한국에서는 왜관 보수 문제를 제외하면 제대로 된 논문이나 책으로 발표한 적이 없다. 그렇게 세월이 흐르는 동안 내 관심사도 변해 이제는 다른 주제들을 다루고 있지만, 더 늦기 전에 쉽게 정리해서 소개해야겠다는 생각이 들었다. 왜냐면 비록 왜관이 일본인의 행동을 제한하기 위해 만든 시설이지만 왜관과 그 주변은 지금 우리가 상상하는 것 이상으로 갖가지 '은밀한' 교류와 갈등이 공존했던, 그래서 그냥 묻어 두기에 아까운 흥미로운 세계이기 때문이다.

마지막으로 몇 해 전에 타계하신 와세다[早稻田]대학의 은사(恩師) 가미야 노부유키[紙屋敦之] 선생님을 추모하며, 긴 세월 선생님께 받은 학은(學恩)과 배려에 감사하는 마음으로 이 책을 영전에 바친다.

2021년 12월
윤유숙

차례

간행사 4
책을 내면서 6

제1장
조선후기 왜관의 시작

조선과 일본, 다시 국교를 맺다	22
두모포왜관	24
신설된 초량왜관	26
1682년 계해약조(癸亥約條)	41

제2장
밀무역의 유혹

왜관 무역의 형태	52
밀무역의 형태	60
밀무역과 계해약조	62
문위행의 밀무역	69
동아시아의 인기 상품, '일본제 무기'	77
비공식으로 거래된 '일본제 무구류'	83
조선으로 밀항하는 일본 배들	85
바쿠후의 추궁	93

제3장
왜관을 뛰쳐나간 일본인들

난출	98
재관자 통행 규제	99
선암사에 다녀오다	104
80여 명의 난출	109
쓰시마의 난출 인식	113
조선인의 왜관 난입	115

제4장
금녀의 공간

교간 사례	125
1711년 신묘약조(辛卯約條)	131
조선에 정착한 일본인	137

제5장
왜관의 수리과 재건

초량왜관의 개축과 보수	146
대감동은 어떻게 진행되었나?	153
1809년 기사약조(己巳約條)	155

맺음말	160

참고문헌 163
찾아보기 170

조선 후기 왜관의 시작

倭館

조선 후기 왜관의 시작

조선과 일본, 다시 국교를 맺다

1598년 도요토미 히데요시[豊臣秀吉]의 죽음을 계기로 7년에 걸친 임진왜란이 막을 내렸다. 1600년 일본에서는 도쿠가와 이에야스[德川家康]가 세키가하라[関が原] 전투에서 승리하고, 1603년 쇼군에 즉위하여 새로운 정권인 에도 바쿠후[江戶幕府]를 세웠다. 비록 전쟁은 끝났지만 조선은 일본이 다시 침략해 올지 모른다는 우려에 경계심을 늦추지 않았다.

이런 긴장된 상황 속에서 양국의 국교를 회복시키기 위해 움직인 것이 쓰시마[對馬]였다. 소 요시토시[宗義智]가 지배하고 있었던 쓰시마는 에도 바쿠후가 성립하기 전인 1599년부터 조선에 사신을 여러 번 파견했다. 하지만 전쟁의 상처로 인해 침략자 일본에 대해 강한 적개심을 갖고 있던 조선은 쓰시마에서 온 사신을 처형해 버렸다.

쓰시마는 지형적 특성상 섬 대부분이 산악지대로 농지 면적이 대단히 적어 조선과의 무역을 통해 경제를 유지했다. 그런데 임진왜란이 발발하며 양국의 교류가 단절되자 쓰시마의 재정은 큰 위기에 빠졌다. 전쟁이 끝난 바로 이듬해부터 쓰시마가 조선에 화친을 요청하며 적극적인 교섭을 펼친 이유가 바로 여기에 있었다.

대일 외교에 신중한 태도를 유지하던 조선은 임진왜란이 끝난 약 10년 후인 1607년, 조선 국왕 이름으로 '통신사(회답겸쇄환사)'를 일본에 파견하여 사실상 일본과의 국교를 재개했다. 2년 뒤인 1609년에는 쓰시마와 '기유약조(己酉約條)'를 체결하며 무역도 재개했다.

일본에서는 쓰시마번[對馬藩]이 대조선 외교와 무역을 독점하여 전담했다. 부산에 쓰시마의 선박이 입항하면 쓰시마의 번사(藩士, 무사)와 상인들이 왜관에 입관하여 일정 기간 머물면서 외교 의례와 교역을 수행했다. 조선통신사 초청 및 사행 절차에 관한 세부적인 교섭, 통교에 관한 각종 교섭·절충 등도 왜관에 체재하는 쓰시마 사람들을 통해 이루어졌다. 왜관은 조선과 쓰시마 양쪽의 통교 업무 창구였다.

에도시대의 일본이 자국인의 해외 도항을 금지하는 이른

바 '쇄국정책'을 표방한 점에 비추어 보면, 쓰시마가 조선의 왜관에 도항하여 교역하는 것은 당시 일본의 대외관계에서 대단히 이례적인 형태였다. 이처럼 통상적인 외교와 무역 활동이 이루어지던 왜관은 조선 후기 조일관계를 상징하는 공간이었다.

두모포왜관

국교 재개 후 왜관이 정식으로 설치된 곳은 부산 두모포(豆毛浦)였다. 두모포왜관은 부산진(釜山鎭)에서 서쪽으로 5리 정도 떨어진 당시 부산성(釜山城) 근방(지금의 부산광역시 동구 수정동 일대)이며, 넓이는 약 1만 평 정도였다. 왜관을 관할하는 조선의 지방 행정기관은 동래부(東萊府)였다.

두모포왜관은 건설 과정이나 내부 구조를 전하는 문헌이 희소하여 구체적으로 파악하기가 쉽지 않다. 얼마 되지 않는 단편적인 기록에 의하면, 두모포왜관의 동쪽은 바다에 접하며, 남·북·서 삼면에 담을 둘러쳤고, 담 안쪽에는 연향청(宴享廳), 동관(東館), 서관(西館) 등이 있었다. 관사는 좁았고, 선착장에도 결함이 많아서 왜관을 사용하는 쓰시마 사람들은

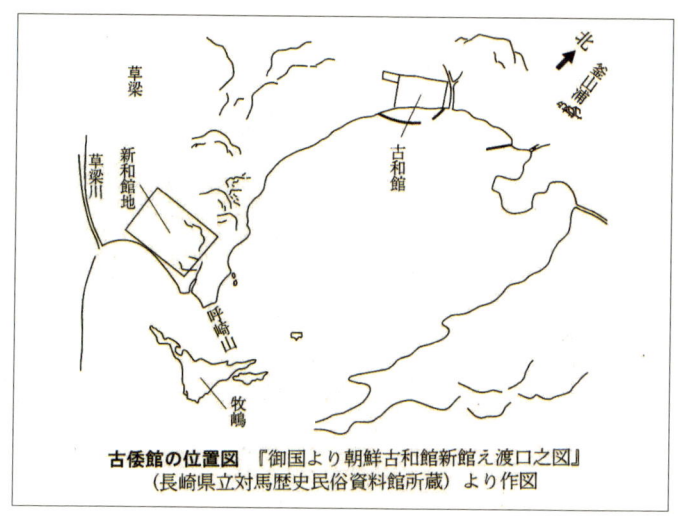

두모포왜관과 초량왜관의 위치

일찍부터 조선 측에 건물의 개축과 증축을 요구했다.

두모포왜관의 입지 조건에 불만을 제기하던 쓰시마는 1640년부터 왜관 이전을 거론하기 시작했다. 이에 조선 정부는 쓰시마와 오랫동안 왜관 이전을 논의한 끝에 1673년 초량(草梁)에 왜관을 신설하기로 결정했다.

위 그림은 두모포왜관과 초량왜관의 위치를 표시한 일본 자료이다. 중앙에 보이는 '고화관(古和館)'이 두모포왜관, 왼쪽의 '신화관지(新和館地)'가 새로운 왜관, 즉 초량왜관이다.

쓰시마는 왜관을 '화관(和館)'이라고 부르곤 했는데, '화(和)'는 '일본'을 뜻하기도 하고, 한자 의미에서도 조선이 사용하던 '왜(倭)'보다는 '화(和)'라는 글자를 선호한 듯하다. '목도(牧嶋)'라고 표시된 섬은 지금의 부산 영도이다. 과거에는 사람의 그림자가 없는 무인도라는 의미로 '절영도(絶影島)'라 했고, 쓰시마 사람들은 말들이 방목되는 목장이라는 의미로 '마키노시마[牧の島]'라고 불렀다. 초량왜관의 귀퉁이에 표시된 '요비자키야마[呼崎山]'는 용미산(龍尾山)이다.

신설된 초량왜관

초량왜관 건설은 조선 정부와 쓰시마 양쪽의 인력으로 추진되었다. 1675년 쓰시마의 관리가 건축기술자 약 150명을 이끌고 왜관에 도착하여 6월부터 8월에 걸쳐 선창을 건설하고, 부지를 골랐다. 이듬해인 1676년부터 양국의 인부가 함께 본격적으로 건물을 축조했다. 건축 재료인 목재와 기와는 기본적으로 조선 정부가 조달했지만 두모포왜관에 없었던 새 건물을 짓는 데 소요되는 목재와 기와에 한해서는 쓰시마가 조달했다.

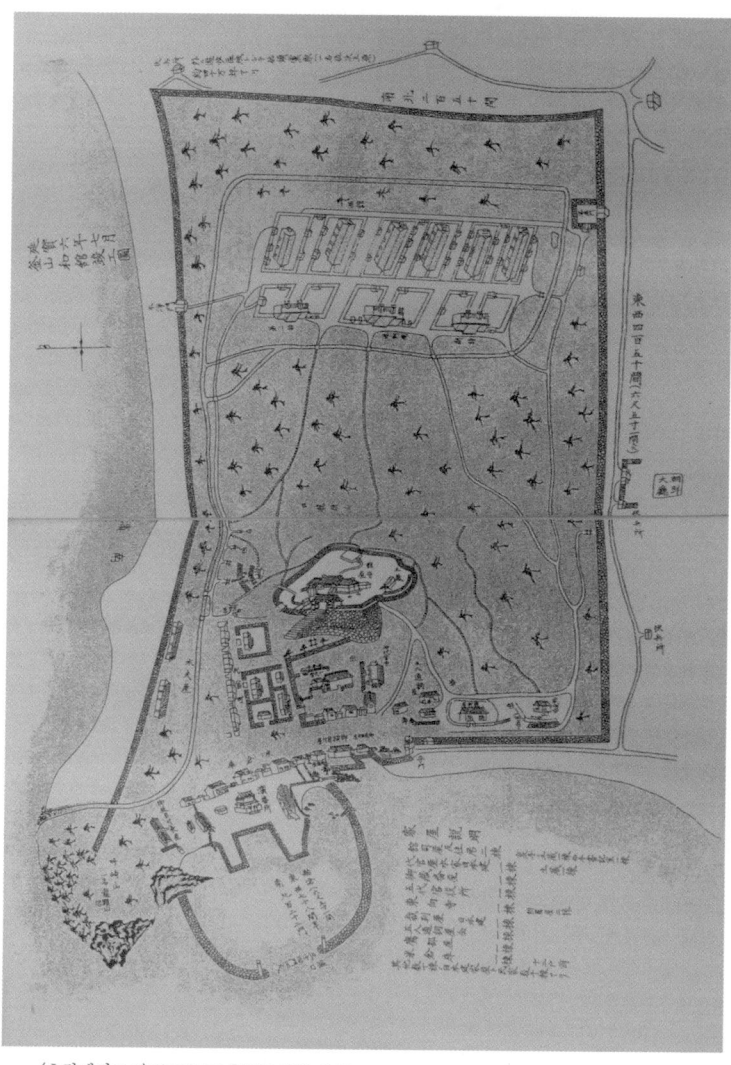

〈초량왜관도 1〉(高橋章之助 『宗家と朝鮮』 수록)

초량왜관 건설을 소개하기에 앞서 〈초량왜관도〉 두 장을 바탕으로 왜관의 내부를 살펴보자. 〈초량왜관도 1〉을 보면 중앙에 나무만 그려진 곳이 용두산이다. 초량왜관 건물은 용두산을 중심으로 바다를 향한 산의 앞쪽과 뒤편에 각각 배치되어 있었다.

용두산 뒤편(그림의 윗부분)에 설치된 건물을 '서관(西館)'이라 불렀고, 앞쪽(그림의 아랫부분)에 설치된 건물들을 '동관(東館)'이라고 불렀다. 서관에는 세 채의 가옥(삼대청)과 여섯 채의 길쭉한 건물(육행랑)이 늘어서 있으며, 사신의 임무를 띠고 온 사람들의 숙소로 사용되었다. 동관에는 관수옥(館守屋), 재판옥(裁判屋), 개시대청(開市大廳) 등 무역과 외교 업무에 관련된 건물들이 배치되었는데, 이것을 동관 삼대청이라 불렀다. 그 외 동관에는 상인·공인들의 숙소, 의사옥(醫師屋), 통사옥(通詞屋), 동향사(東向寺), 각종 가게 등이 있었다.

동관의 중심인 삼대청을 살펴보자. 〈초량왜관도 1〉에서 용두산 기슭의 축대 계단 위에 있는 건물, 동관에서 가장 크게 그려진 건물이 관수옥(館守屋)으로 '관수'가 거처하는 곳이다. 관수란 왜관에서 생활하는 쓰시마 사람들을 관리·지휘하기 위해 쓰시마 번청이 파견한 관리이다. 관수의 임기는 2년, 보통 쓰시마번의 상급 무사가 임명되었다. 관수옥이 왜관에서 가장 높은 곳에 있었던 것은 아마 관수의 지위를 고려해서였을 것이다.

관수는 『관수일기(館守日記)』 혹은 『관수매일기(館守每日記)』라는 일종의 업무일지를 작성할 의무가 있었다. 물론 이것은 쓰시마 번청이 부여한 것이었다. 기상정보, 왜관을 드나드는 일본 선박의 내역, 사신에 대한 외교 의례 진행 상황, 개시무역(開市貿易) 개장(開場) 여부, 조선과의 교섭 추진, 각종 사건·사고 등 왜관에서 일어나는 온갖 일들을 일지에 기록했고, 사안의 경중에 따라 번청에 보고했다.

『관수일기』는 1687년 요시다 사쿠에몬[吉田作右衛門] 때부터 반 누이노스케[番縫殿介]가 재임하던 1867년까지의 기록이 현존한다. 기록된 내용이 이렇다 보니 『관수일기』는 왜관 연구는 물론 양국의 교역을 연구하는 데 없어서는 안 될 사료이다.

관수에게는 다른 의무도 있었는데, 그건 '정보 수집'이었다. 정보란 주로 조선과 중국에서 일어나고 있는 정치 변화였다. 관수는 그것을 쓰시마 번청에 보고했고, 번청은 관수가 보내온 정보를 바쿠후에 보고했다. 바쿠후는 나가사키[長崎]나 류큐[琉球, 오키나와]를 정보망으로 갖고 있었지만, 이곳을 통해서는 남방의 정보가 주류를 이루었다. 쓰시마번이 입수한 정보는 조선이 정기적으로 중국에 파견하는 조공사절이 가져오는 정보여서 공적인 성격이 강했다.

조선 정부는 왜관에 드나드는 조선 관리나 상인에게 조선의 국내 사정, 조정의 동향을 일본인에게 발설해서는 안 된다는 점을 누누이 강조했다. 하지만 관수는 왜관 안에서 생활하면서 조선과 중국에 관한 여러 정보를 입수하였다. 심지어 쓰시마번의 이익이 걸린 중요한 사안이 조선 정부의 반대에 부딪혀 좀처럼 진척되지 않을 경우, 해당 사안에 관한 조정 논의가 어떻게 진행되고 있는지 알아보는 경우도 왕왕 있었다. 이는 왜관에 드나드는 조선인들의 협조가 있었기에 가능했던 것이다. 실제로 1659년에는 동래부 주민이 문서로 국정을 알려 주었다는 용의로 체포되어 유배형을 받기도 했다.

조선 후기 조일 통교를 기록한 조선의 기록물은 대부분 정부기관이 편찬한 관찬(官撰) 사료이다. 따라서 이런 식으로 조선인들이 협조한 사례는 발각되어 처벌된 경우만 기록에 남게 되므로 실상을 파악하기가 어렵다. 하지만 쓰시마의 기록에는 조선인에게서 왜관 바깥세상의 정보를 얻는 모습이 남아 있다.

재판옥은 관수옥 아래 선창 반대편이며, 재판(裁判)의 거처이다. 재판이란 조선통신사가 일본을 오갈 때의 영송(迎送),

〈초량왜관도 2〉 (일본 쓰시마 종가문고(宗家文庫) 소장)

문위행(問慰行, 조선 역관 사절단)이 쓰시마를 오갈 때의 영송, 공작미(公作米)의 기한 연장, 그 외의 사안 교섭 등을 위해 쓰시마가 파견한 관리이다. 재판은 대개 한 명이 맡았으며, 처음에는 상인이 파견되었다. 그러다가 17세기 중엽부터 조선의 수출품인 목면의 일부를 쌀로 받게 되자 기한(5년)을 갱신하는 교섭을 재판이 담당했고, 무사 신분이 임명되었다. 앞서 언급한 공작미란 쓰시마가 목면 대신 받는 조선의 백미(白米)를 가리킨다.

재판은 왜관에 머무는 기간에 제한이 없었고, 조선이 제공하는 체재 물품의 양은 쓰시마 사신들 중 최고 수준이었다. 이로 인해 재판이 왜관에 머무는 와중에 또 다른 재판이 파견되는 일이 자주 있었다. 재판도 관수처럼 임명되는 날부터 기록을 작성했는데, 이를 『재판기록(裁判記錄)』이라 한다. 가장 오래된 것은 1705년 사지 우에몬[佐治宇右衛門]의 기록이며, 1871년 와타나베 고에몬[渡辺小右衛門]의 것까지 총 283책(冊)이 전한다. 『재판기록』은 『관수일기』와 달리 왜관에서 발생한 일을 모두 기록하지 않고, 특정한 사안의 교섭 과정을 중점적으로 기록했다. 『재판기록』도 양국의 통교 실태 연구에서 빼놓을 수 없는 주요 사료이다.

개시대청은 조선 상인이 참여하는 무역이 이루어지는 곳

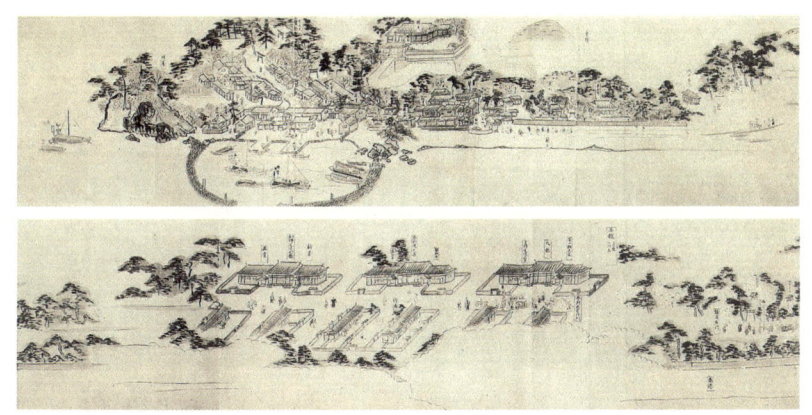

동관(위)과 서관(아래)의 건물들. 〈부산포왜관회도(釜山浦倭館繪圖)〉(19세기 후반 필사본, 부산대학교도서관 소장)

이다. 개시무역은 매월 여섯 번(매월 3·8·13·18·23·28일) 열렸는데, 조선 상인들이 왜관으로 들어가 쓰시마 사람들과 개시대청에서 교역품을 거래하는 것이다. 이때 호조(戶曹)나 각도 관찰사가 발급하는 행장(行狀, 통행증)을 가진 조선 상인들만 참가할 수 있었다.

외교문서인 서계(書契)를 조선 정부와 교환하고, 조선의 관리가 참가하는 접대의식을 치르는 등 정해진 의례를 마치고 쓰시마로 돌아가는 사신들은 서관에 머물렀고, 비교적 오랫동안 머무는 사람들은 동관에 머물렀다. 따라서 동관에는 장기간 생활하는 데 필요한 생필품을 제공하는 두부 가게,

다다미 가게, 주방(酒房), 소주(燒酒) 가게, 떡 가게, 국수 가게 등이 있었다. 조선에서 구할 수 없는 물건들은 쓰시마에서 조달해서 사용했다.

이렇듯 왜관에 체재하는 재관자(在館者)들에게 동관이 일상적인 생활공간이었던 만큼 건물 배치를 위한 구획 분할은 쓰시마가 결정했다. 〈초량왜관도 1〉에서 용미산 건너편으로 선창 옆에 '守門(수문)'이라고 쓴 곳이 초량왜관의 정문이다. 수문 안쪽에는 두모포왜관 시절에는 없었던 자물쇠가 설치되어 있었고, 왜관에서 열쇠를 관리했다. 그리고 일종의 경비 초소인 내번소(內番所)도 설치되었다. 왜관 정문 안쪽에 설치된 자물쇠의 열쇠를 왜관이 관리했다는 것은 조선인의 출입을 일본인이 통제할 수 있었다는 의미이다.

왜관 내부가 어느 정도 정리되자 담장 바깥쪽에 외교 의례용 연향대청(宴享大廳), 조선 역관(譯官) 집무소, 숙배소(肅拜所), 경비시설 등의 부속시설이 세워졌다. 연향대청이란 이름 그대로 조선 정부가 쓰시마 사신들을 접대하고 연향을 베푸는 장소이다. 조선은 당초 왜관 주변에서 가장 경관이 좋은 장소에 연향대청을 조영할 생각이었으나 적당한 장소를 찾지 못해 초량항(草梁項) 쪽에 짓기로 하고, 1678년에 완성하였다.

쓰시마 사신들은 연향대청에서 서계를 동래부사(東萊府使)

연향대청에서 향응하는 모습. 〈동래부사접왜도(東萊府使接倭圖)〉(국립중앙박물관 소장)

와 부산첨사(釜山僉使)에 제출하는 의식인 '다례(茶禮)'를 치르게 되어 있었다. 〈초량왜관도 1〉을 보면 쓰시마 사신들의 행렬은 서관의 삼대청 육행랑에서 '연석문(宴席門)'을 나와 연향대청으로 이어진다. 이때 조선은 먼 타국에서 온 사신들을 위로하는 의미로 기생(관기)과 악사들을 동원하여 향응을 베풀었다. 조선의 풍악과 예인들의 기예를 감상하며 접대받은 쓰시마 사신단은 이 향응을 '여악(女樂)'이라 부르며 만족해했다. 위 그림은 〈동래부사접왜도(東萊府使接倭圖)〉에서 연향 장면을 그린 것인데, 오른쪽에는 조선의 관리들이, 왼쪽에는 쓰시마 사람들이 지켜보는 가운데 기생이 중앙에서 춤을 추고 있다.

한때 조선 정부는 '왜인'을 접대하는 장소에 여성을 동원하는 게 바람직하지 않다는 이유로 연향 자리에 관기를 나오지 못하게 한 적이 있었다. 그러자 쓰시마는 불만을 표시하며 여악을 강력히 요구하기도 했다. 조선의 향응 문화가 이국적이라 신기하고 흥미로웠는지 일본인들은 이를 매우 좋아했던 듯하다.

이처럼 외교의식은 다례를 시작으로 봉진연(진상품을 조선에 건네는 의식), 숙배식, 조선의 답서(외교 문서)와 회답 물품 전달, 출선연(出船宴, 上船宴) 등의 순서로 진행되었다. 대개 사신들은 출선연이 끝나면 곧바로 왜관을 떠나 쓰시마로 돌아갔다.

〈초량왜관도 1〉을 보면 수문에서 선창 반대쪽으로 길이 나 있는 것을 확인할 수 있는데, 이 길을 따라가면 쓰시마 사람들이 '사카노시타[坂の下]'라 부르던 지역이 나오고, 거기에서 더 가면 그곳이 영선(營繕)고개이다. 지금의 부산광역시 중앙동 일대인 영선고개는 20세기 초까지 영선산(營繕山)이라

는 두 개의 산이 있어, 고개를 넘어가는 길이 초량왜관에서 부산포 쪽으로 통하는 유일한 길이었다. 영선산에는 왜관에서 연료로 사용하는 시탄(柴炭)을 보관하는 창고인 탄막(炭幕)이 있었다. 연료는 부산첨사가 관리하여 지급했는데, 왜관에 지급이 지체되는 일이 잦아서 시탄을 담당하는 조선 관리와 일본인 사이에 다툼이 끊이지 않았다.

쓰시마 사람들이 사카노시타라고 부르던 곳에는 조선 역관의 집무소가 있었다. 영선산 자락인 이곳은 지금의 부산광역시 영주동(瀛州洞) 봉래(蓬莱) 초등학교 일대이다. 조선의 역관이란 왜학 역관인 훈도(訓導)와 별차(別差)이다. 이들은 조선의 중앙관청인 사역원(司譯院)에서 일본어 교육을 받고 시험에 합격하여 왜관에 파견된 사람들이다. 훈도의 임기는 30개월, 별차는 1년을 주기로 교체되었다. 훈도는 판사(判事)라고도 하며, 쓰시마 사람들은 훈도와 별차를 합하여 양역(兩譯)이라 불렀다. 훈도와 별차 밑에는 소통사(小通事)라는 하급 통사가 30명 정도 있었다.

훈도와 별차는 왜관에 드나들면서 외교와 무역을 관리했다. 일상적으로 동래부의 의사와 쓰시마의 의사를 각각 상대방에게 전달하는 역할을 했기 때문에 양국의 통교에서는 빼놓을 수 없는 중요한 존재였다. 훈도의 집무소인 성신당(誠

信堂), 별차의 집무소인 빈일헌(賓日軒), 그 외에 유원관(柔遠館), 유원각(柔遠閣) 등이 있었다. 유원관은 부산에 체재하는 역관들의 일본어 학습장이었다고 한다.

『동래부지(東萊府誌)』에 따르면 역관 집무소는 왜관과는 3리(1.2~1.3km) 정도, 동래부의 주요 관청이 있는 읍치와는 27리 떨어져 있었다고 한다. 훈도가 동래부사에게 보고하기 위해 동래 관청에 가거나 공적·사적인 일로 한성에 올라갈 때는 집무소를 비우기도 했는데, 그런 경우 소동(小童)이나 소통사를 왜관에 보내 부재를 알렸다.

숙배식(肅拜式)이란 조선 국왕을 상징하는 전패(殿牌)를 모신 숙배소에서 쓰시마의 사신들이 전패를 향해 무릎을 꿇고 네 번 배례하는 의식이다. 숙배소는 '객사(客舍)'라고도 하는데, 연향대청에서 조금 떨어진 곳에 있었다. 절하는 곳에서 조금 위에 있는 누각에는 '국왕 전하'를 의미하는 '전(殿)'자가 새겨진 패가 놓였다.

임진왜란 이전에는 삼포로 입항한 일본 사신들이 이른바 '왜인상경도로(倭人上京道路)'를 따라 한성으로 올라가 조선 국왕에게 직접 배례하고 진상을 했다. 그러나 임진왜란 후 조선은 일본인들의 행동 범위를 왜관에 한정하고, 초량왜관에서 조선 국왕을 상징하는 전패를 향해 숙배하도록 한 것이다.

초량왜관 건설의 마지막 작업으로 왜관 둘레에 돌담을 쌓았다. 두 장의 〈초량왜관도〉에 표시된 돌담은 왜관이 개방된 공간이 아니라는 점을 보여 준다. 왜관 신설 공사는 1678년 3월에 완료되었고, 곧 500명에 가까운 일본인과 선박들이 새로운 왜관에 입주했다. 이로써 두모포왜관은 더는 사용되지 않았다.

초량왜관 건설에는 조선과 쓰시마 양측의 인력이 대규모로 동원되었고, 완공되기까지 3년의 세월이 걸렸다. 왜관을 신축하는 데 소요된 비용은 돌발적으로 발생한 지출이었으므로 조선에게는 결코 가볍지 않았다. 또, 조선의 백성이 거의 매일 공사에 동원된 사실을 고려할 때 민초들의 노동 위에 비로소 조영된 것이라 할 수 있다.

조선 정부는 건축자재를 조달하는 것 외에도 쓰시마에서 온 인부 150명에게 약 2년 치의 임금[역가은(役價銀)]과 쌀[飯米]을 지급했다. 쓰시마의 인부에게 지급되는 쌀은 경상도 세미(稅米), 감영별회미(監營別會米), 상평·진휼청의 곡물로 충당했다. 임금의 경우 일부는 호조(戶曹)의 세은(稅銀)으로 지불하고, 부족분은 조선의 역관 박재흥과 김근행이 관화(官貨) 1만 냥을 빌려 그것으로 고리대금을 하여 얻은 수익금 6천 냥으로 충당했다.

나가사키의 데지마[出島] 전경

　이렇게 해서 완공된 초량왜관은 당시 동아시아에 존재했던 외국인 무역거점 중에서 최대 규모였다. 초량왜관의 부지 규모가 약 10만 평이었는데, 나가사키의 도진야시키[唐人屋敷, 1만 평], 데지마[出島, 4천 평]의 네덜란드 상관, 가고시마 류큐칸[鹿兒島 琉球館, 약 3,600평], 명나라의 복건 유구관(福建 琉球館, 약 1,700평) 등과 비교해 보아도 그 넓이가 압도적이었다.

　조선 정부는 두모포왜관 시절부터 설치되어 있었던 가옥에 관해서는 축조비용을 부담했다. 그러나 초량왜관에 신설

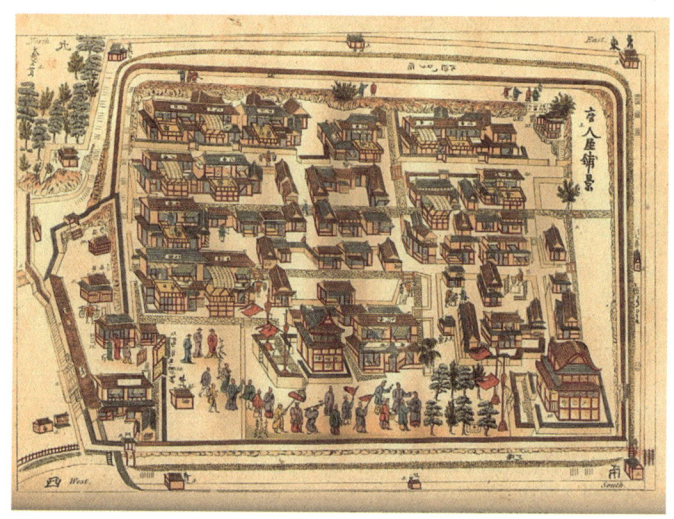
티친의 〈일본풍속도지(日本風俗圖誌)〉에 그려진 18세기 후반의 도진야시키

된 가옥에 대해서는 쓰시마가 비용을 부담했다. 이처럼 초량왜관을 처음 짓는 단계에서 이루어진 양측의 비용 분담은 이후에 해당 건물의 관리책임과 관리비용 분담으로 이어졌다.

1682년 계해약조(癸亥約條)

조선은 이관(移館)을 계기로 왜관 통제를 쇄신하고자 했다. 1678년 초량왜관 이주 작업이 끝나자, 왜관을 관장하는 동래부사는 관수와 논의하여 5개조의 '조시약조(朝市約條)'를 정했다. 이 약조는 왜관의 수문 앞에서 열리는 조시(朝市)를 비롯하여 밀무역 금지, 통행 범위, 조선의 관리에게 폭행 금지 등 재관자의 행동 전반을 통제하는 내용이었다. 조선은 이 약조를 근간으로 좀 더 강력한 규정을 만들고자 했으나 교섭은 좀처럼 진척되지 않았다.

그러던 차에 1680년 무역을 담당하던 쓰시마의 대관(代官) 여섯 명이 하인 스무 명을 이끌고 왜관 밖으로 나가는 난출이 발생했다. 그들은 '조선이 공작미를 지급하지 않았기 때문에' 난출했다고 주장했다. 조선은 이 사건을 계기로 쓰시마번에 약조 체결을 재촉했다. 1682년 일본에 건너간 조선통신사는 약조 체결에 적극적으로 응하지 않으면 그간 쓰시마 사람들이 왜관에서 일으킨 갖가지 소동을 바쿠후에 폭로하겠다며 위협했다. 통신사가 '바쿠후에 폭로'한다며 위협하는 것은 조선이 쓰시마와의 현안 교섭에서 때때로 사용하는 편법이었다.

이에 관한 논의는 통신사가 귀국한 후에도 계속되어 1682년 계해약조가 합의되었고, 1683년에 '약조제찰비(約條制札碑)'로 만들어져 왜관 안팎 곳곳에 세워졌다. 약조제찰비는 비석에 약조문을 새긴 것으로, 현재 부산광역시립박물관에 실물이 남아 있다. 약조문은 다음과 같다.

〈계해약조〉

一. 금지표식으로 정한 한계 바같으로 대소사에 상관없이 함부로 나간 자는 사형에 처한다.

一. 노보세(路浮稅)가 발각되면 준 사람과 받은 사람 모두 사형에 처한다.

一. 개시(開市)에서 각 방에 잠입해 몰래 매매한 자는 피차(彼此)를 각각 사형에 처한다.

一. 오이리[五日] 잡물(雜物)을 지급할 때 일본인은 색리(色吏), 고자(庫子), 소통사(小通事) 등을 절대 잡아끌거나 때려서는 안 된다.

一. 피차 죄지은 자는 관문 바깥에서 형벌을 시행한다.

　　재관자에 용무가 있는 자는 관수에게 신고하고, 통행증을 발급받아 훈도와 별차가 있는 곳으로 왕래해야 한다.

　　각조 제찰을 써서 관중(館中)에 세워 좋은 본보기로 삼는다.

계해년 팔월 일

약조제찰비. 부산시지정 기념물
제17호(부산광역시립박물관 소장)

첫째는 난출, 둘째·셋째는 밀무역, 넷째는 조선의 관리에 대한 폭력, 마지막은 처형 장소에 관한 규정이다. 노보세(路浮稅)란 왜관의 일본인들이 밀무역품 납품을 전제로 또는 그것을 재촉할 목적으로 조선인에게 건네는 융자를 의미한다. 일종의 '밀무역 자금 대부(貸付) 행위'이다. 노보세라는 용어는 재관자가 사용하는 '노보세긴[登반銀]'이라는 말에서 온 것으로 이를 한자로 표기한 것이 '路浮稅'이다.

오이리[五日]란 조선이 사신들에게 왜관 체재 수당으로 제공하는 식량을 말한다. 5일마다 지급되었기 때문에 '오일잡물(五日雜物)', '오일차잡물(五日次雜物)'이라 불렀다. 조선의 『교린지(交隣志)』, 『증정교린지(增正交隣志)』에는 사신별로 지급되는 식량의 종류와 그것을 쌀로 환산한 기준이 명시되어 있다. 1635년 이후 조선 정부는 오이리 잡물을 전부 쌀로 환산하여 지급했다고 한다. 사신들은 왜관에 머무는 동안 오이리 잡물을 식량으로 사용했는데, 계해약조는 지급 지연이나 분량을 이유로 재관자가 조선의 담당관과 싸우거나 폭행하는 것을 금했다.

계해약조는 통교 재개 후 조선 정부가 궁구해 온 왜관 통제의 경험이 집약된 것이었다. 종전에 비해 획기적인 점은 밀무역과 난출 규정을 위반할 경우 조선인뿐 아니라 일본인도 조선에서 처형한다는 부분이다. 여기에서 밀무역과 난출에 임하는 조선의 강경한 의지를 읽을 수 있으며, 왜관의 역사가 시작된 이래 가장 엄격한 형률의 약조가 출현했음을 의미한다. 조선인에게 적용하던 형벌을 타국인에까지 확대·적용하는 계해약조는 통교자의 종류와 선박 수, 도항 형식 등을 규정한 기유약조(1609)를 보완하는 통상무역장정 성격을 지녔다.

그러나 쓰시마는 쉽게 동의하지 않았다. 1678년의 조시약조 이후 좀처럼 협의가 진척되지 않다가 1682년이 되어서야 약조문이 완성된 것만 보아도 그렇다. 흥미로운 사실은 쓰시마 문헌에 기록된 계해약조 조문이 조선의 문헌에 기록된 것과는 다르다는 점이다. 쓰시마 문헌에는 '난출자는 처벌한다', '밀무역을 하면 쌍방을 같은 죄로 처벌한다'고 되어 있을 뿐 '사형'이라는 구절은 없다. 특히, 난출의 형량은 완전히 달랐다.

이 사실을 당시 조선이 어디까지 파악하고 있었는지 확인할 수 없지만, 적어도 난출에 대한 쓰시마의 인식이 반영된 것으로 보인다. 계해약조 이후의 실상이 어떠했는지 2장의 밀무역 사례, 3장의 난출 사례를 통해 상세히 살펴보자.

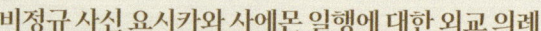

비정규 사신 요시카와 사에몬 일행에 대한 외교 의례

　요시카와 사에몬[吉川左衛門]은 1833년 쓰시마 번주 소 요시가타[宗義質, 1800~1838]의 아들이자 후계자인 소 요시아야[宗義章, 1817~1842]가 에도에서 쓰시마로 처음 귀향한 사실을 조선에 알리기 위한 사신이다. 과거 1655년의 통신사 파견 당시 번주였던 소 요시나리[宗義成]가 통신사의 귀국길을 동행하기 위해 쓰시마로 귀환했는데, 후계자였던 요시자네[義眞]도 바쿠후의 허가를 받고 함께 쓰시마로 돌아왔다. 요시자네에게는 이것이 에도에서 쓰시마로 돌아오는 첫 귀도(歸島)였다. 무려 200년 전에 번주의 후계자가 처음 귀도했을 때 조선에 그 사실을 알리는 임시 사절을 파견한 사실을 근거로, 쓰시마는 '전례가 있는 사행'이라고 주장했다. 조선 정부는 정관(正官) 요시카와 사에몬 일행의 접대를 인정했다. 당시 요시카와에 대한 외교 의례가 어떻게 진행되었는지 쓰시마의 기록인『급가사기록(給假使記錄)』을 바탕으로 재현하면 다음과 같다.

* 1월 6일, 다례(茶禮) 당일 봉진(封進)이 아침 일찍 관수가 보관하고 있던 사신의 외교문서를 받아 와서, 헝겊으로 감싼 후 뚜껑 달린 대형 상자(장방형)에 넣어 인부가 지고서 운반했다.
* 오전 7시에서 9시 사이 동래부사와 부산첨사가 연향대청에 도착하고, 정관(正官)을 비롯한 사신 일행이 재관자들의 호위를

받으며 행렬을 이루어 연향대청으로 향했다. 총 13명의 수행원은 재관자 중에서 우마노리슈[馬乘り衆] 신분인 자들을 선발하여 칼(刀)을 차고 왜관을 나섰다.

* 일행이 모두 연향대청으로 들어간 후 각자 자리를 잡고 동래부사·부산첨사와 읍례하자 이들은 서한을 훑어보고 '사신은 도항하느라 고생이 많았다. 외교 서한도 문제가 없으니 신속히 조정에 올리겠다'고 말했다. 다례에서는 원래 음식과 술을 베풀지만, 국왕 순조(純祖)가 돌아가시어 국상(國喪)을 치르는 중이라 생략하고, 나중에 왜관으로 음식을 보내왔다. 의례를 끝내고 일행 모두가 왜관으로 돌아갔다.

* 1월 7일 봉진연(封進宴)을 거행했다. 원래는 부사와 첨사가 모두 참석해야 하지만 부사가 병 때문에 불참했다. 예물 목록에 있던 선물들을 연향대청으로 운반해서 봉진물(封進物)을 차례차례 꺼내어 살펴보고 조선 측에 건네주었다. 적당히 인사를 나누고 읍례하고, 조선의 역관과도 한 번 읍하고 물러 나왔다. 이 의식에 정관은 불참하고, 봉진(封進)과 도선주(都船主)가 참가했다.

* 같은 날 봉진연에 이어 숙배식을 거행했다. 정관, 봉진, 도선주 등이 숙배소로 이동했다. 전패(殿牌)가 열리고, 조선의 소통사(小通事) 우두머리의 구령에 맞추어 네 번 배례하고 물러 나왔다.

연향대청으로 향하는 조선의 관리와 기생 행렬 〈동래부사접왜도(東萊府使接倭圖)〉

〈동래부사접왜도(東萊府使接倭圖)〉

밀무역의 유혹

倭館

밀　무　역　의　유　혹

왜관 무역의 형태

흔히 외국과 무역을 하는 이유는 자국에서 생산되지 않는 물품이 있거나 혹은 생산되더라도 '어떤 이유에서' 더 많은 양이 필요할 때이다. 오늘날의 국제 무역은 상호 간의 '필요성'에서 비롯되지만, 전통시대에는 '예물, 증정품' 교환을 동반하기도 했다. 조선 후기 조선과 일본의 무역품에도 필요성 물품과 예물, 두 가지가 포함되어 있었다.

왜관 무역을 형태상으로 구분하면 다음과 같다. 조선 정부와 쓰시마번이 주체가 되는 무역에는 '진상(進上, 封進)·회사(回賜)', '공무역(公貿易)' 등이 있었는데, 쓰시마번의 진상품과 조선 정부가 내리는 회사품이 예물의 성격을 띠었다. 그리고 조선의 상인과 쓰시마번(당국, 쓰시마인)이 주체가 되는 '개시무역(開市貿易)'이 있었다. 이상이 이른바 공인된 무역이고, 흔히 밀무역이라 불리는 불법 거래도 존재했다.

매년 쓰시마가 왜관에 파견하는 선박의 숫자는 1609년에 체결된 기유약조에 의거하여 세견선(歲遣船) 17척, 특송선(特送船, 일본의 동향을 전하는 특별한 사선) 3척, 수도서선(受圖書船) 등이었다. 수도서선이란 특별한 공적을 인정받아 조선 정부로부터 도서(圖書, 일본인의 실명을 새긴 도장)를 발급받은 개인이 그 도서를 날인한 외교문서를 가지고 파견하는 사선(使船)을 말한다. 세견선·특송선·수도서선은 모두 조선 전기부터 시행되었던 제도로, 조선 후기의 무역은 기본적으로 전 시대의 관행을 답습했다고 볼 수 있다.

그러나 기유약조에서 정해진 '매년 송사선(送使船) 20척[세견선과 특송선]'은 조선 전기에 비하면 현저하게 축소된 것이어서, 쓰시마는 조선에 도항하는 선박의 수를 늘리기 위해 갖가지 편법을 동원했다. 정규 선박에 딸려서 도항하는 부선(副船), 수목선(水木船, 음료수나 운항에 필요한 자재를 운반) 명목으로 별도의 배를 파견하거나 사신을 왜관에 내려놓은 상태에서 배만 다시 왕복하기도 했다. 또는 매년 송사선과 별도로 '특수한 임무를 띤 임시 사절'이라는 명목으로 차왜(差倭)라는 사신을 파견하기도 했다.

이처럼 쓰시마가 도항선을 증가시키는 데 집착한 이유는 송사선 증가가 곧 무역액 증대로 이어졌기 때문이다. 매년 송사선 20척과 차왜의 선박에는 '정관(正官)'이라 불리는 사신(使臣)이 타고 있어서 '사신·사절의 선박'이라는 형태를 취하지만 동시에 선박 단위로 진상, 공무역, 개시무역 등을 할 수 있었다. 일단 왜관에 입항하면 일본의 사절들은 동래부에 외교문서를 제출하고, 쓰시마번주의 이름으로 조선 국왕에게 물품을 헌상하는 '진상'을 행했다. 여기에 대해 조선 정부는 외교문서(답서)와 함께 '회사'라는 답례품을 보냈다.

쓰시마의 진상품에는 후추, 명반(明礬), 단목(丹木) 등의 동남아시아 산물과 벼루 상자, 쟁반, 진주 등의 일본산 물품이 있었다. 조선 정부가 지급하는 회사품은 인삼, 표범 가죽, 호랑이 가죽, 매, 개, 명주 기름, 모시, 삼베, 붓, 먹, 돗자리, 기름종이, 밤, 잣, 호두 등 종류가 다양했고, 모두 조선 생산품이었다.

조선 정부는 쓰시마의 사신이 왜관에 체재하는 동안 식료품, 도항 수당 등을 지급했으며, 조선 정부가 지급하는 회사품은 쓰시마의 진상품보다 종류와 수량이 훨씬 많았다. 이처럼 진상과 회사는 시스템이나 물량 측면에서 조선의 대국(大國)의식이 저변에 깔린 일종의 유사 조공(朝貢)이었다.

공무역은 조선에서 나지 않는 구리, 납철, 동남아시아산 단목과 물소뿔(水牛角) 등을 쓰시마가 가져오면 조선 정부가 목면(木綿)을 주고 사들이는 방식이었다. 이때 쓰시마가 보내는 선박별로 물품의 종류와 수량이 정해져 있었고, 조선 정부는 각 물품을 일정한 교환율에 의해 목면으로 지불했다. 이처럼 진상·회사와 공무역은 무역품 종류, 수량, 교환가 등이 고정된 무역이었다.

  그러나 17세기 전반 이후 일본산 목면의 질과 생산량이 현격히 좋아진 반면, 조선의 목면은 질이 낮아져 일본 시장에서 판매하기가 점점 어려워졌다. 쓰시마는 이런 점을 이유로 목면의 일부를 쌀로 바꾸어 줄 것을 조선 정부에 요구하여, 1651년부터 공작미(公作米)라는 이름으로 쓰시마에 쌀이 수출되었다. 당초 공작미 제도는 한시적으로 시작되어 목면 300동(同) 대신 쌀 12,000석(石)을 지급했으나 1660년부터 목면 400동 대신 쌀 16,000석을 지급하였다.

  토지가 척박하고 농지가 부족했던 쓰시마에게 조선에서 수입되는 공작미는 중요한 식량원이 되었다. 쓰시마는 공작미 지급 기한이 임박할 때마다 재판(裁判)을 파견하여 기한을 연장해 줄 것을 요청했고, 그때마다 조선 정부는 요청을 받아들여 공작미의 수출은 사실상 관례로 굳어졌다. 여기까지는 모두 조선 정부가 주체가 되어 행하는 무역이다.

한편, 개시무역은 조선의 상인들이 참여하는 무역인데, 왜관 안으로 물건을 들여가 개시대청(開市大廳)에서 쓰시마 사람들과 매매하는 것이다. 개시무역은 처음 한 달에 세 번 열리다가 1610년 5일장 형식으로 매월 여섯 번(3·8·13·18·23·28일) 열렸다. 호조(戶曹)나 각도 관찰사가 발급하는 행장(行狀, 통행증)을 가진 상인들만 참가할 수 있었다.

조선의 역관(譯官), 호조의 수세관(收稅官), 동래부의 개시감관(開市監官), 쓰시마의 관리 등이 개시대청에 동서로 늘어앉으면 입관한 조선 상인들과 재관자들이 제각기 소지한 교역품을 늘어놓고 거래했다. 수세관과 개시감관은 조선의 상인들이 왜관을 출입할 때 소지한 물품을 조사해서 세금을 징수했고, 매년 연말에 왜관에서 거래된 물품의 수출입 내역을 호조에 보고했다.

개시무역에서는 특별히 거래가 금지된 품목을 제외하면 매매품목이나 수량에 제한이 없었고, 진상이나 공무역처럼 사선별로 무역액이 고정되어 있지도 않았다. 17~18세기 중반까지 조선의 주된 수출품은 조선산 인삼과 중국산 생사·비단이었다. 중국산 물품은 중국에 사절로 파견된 부연역관(赴燕譯官)과 상인들을 통해 수입된 것이었다. 일본으로 수출되는 인

물소뿔을 사용한 각궁

중국산 생사

삼은 깊은 산에서 채취되는 산삼으로 희소가치가 컸다. 당시 일본도 한의학에 의존하는 사회였고, 조선 인삼의 뛰어난 약효가 잘 알려진 터라 에도 시장에서는 서울 시전보다 네 배나 높은 가격에 유통되었다.

개시무역을 통해 쓰시마가 수출한 것은 금, 은, 구리, 유황, 납 등의 광산물과 후추, 물소뿔, 단목 등의 동남아시아산 물품이었는데, 이 중 은(銀)이 많았다. 쓰시마는 조선 인삼을 수입할 때 일본산 은을 결제수단으로 사용했다. 이것은 일본 내에서 화폐로 통용되는 은화(銀貨)였다. 조선은 중국으로부터 물화를 조달할 때 이 은화를 결제수단으로 활용했다. 조선과 쓰시마의 개시무역은 조선 인삼과 일본 은의 교환체제나 다름이 없었다.

그러나 조선 인삼과 일본 은의 교환체제는 17세기 말 이후 서서히 동요하기 시작했다. 그 요인은 일본의 화폐개주였다. 바쿠후가 재정 수입을 확대하기 위해 일본 국내에서 유통되는 은화의 순도를 크게 떨어뜨린 결과 1695년을 기점으로 순도가 64%까지 떨어졌다. 조선 상인들은 순도가 떨어진 은의 수령을 거부하면서 인삼 수출을 거부했다. 일본 은화에 대한 국제적 신용도가 추락하는 순간이었다.

인삼무역을 중시하던 쓰시마는 이 같은 상황을 타개하기 위해 순도가 높은 은화를 특별히 주조해 줄 것을 바쿠후에 요청했다. 바쿠후는 쓰시마의 요청을 받아들여 조선 인삼을 수입하는 데 사용하는 은화를 주조하는 특별 시책을 취했다. 이

인삼대왕고은의 앞면과 뒷면(일본화폐박물관 소장)

렇게 해서 만들어진 순도 80%의 은화를 '특주은(特鑄銀)' 또는 '인삼대왕고은(人蔘代往古銀)'이라고 한다. 쓰시마의 조선 인삼 수입을 원활하게 하기 위해 바쿠후가 국내 유통화폐와는 별도의 은화를 주조했던 것이다. 그러나 특주은 주조라는 특단의 조치에도 불구하고 인삼무역의 동요를 막지는 못했다.

이런 상황과 맞물려 조선의 인삼 조달도 부진에 빠졌다. 부존량이 제한적인 자연삼인 산삼의 지속적인 채취는 인삼의 고갈을 재촉했다. 게다가 일본에서는 18세기 초반부터 쇼군 도쿠가와 요시무네[德川吉宗]의 주도로 인삼의 국산화 정책이 추진되어 조선 인삼의 수출은 적지 않은 타격을 입었다. 그 결과 조선 인삼과 일본 은의 교환체제는 붕괴하고 말았다. 18세기 후반에서 19세기로 넘어가면 조선의 소가죽, 소뿔과 발톱, 말린 해삼(煎海鼠), 황금(黃芩) 등과 일본의 구리(銅)가 주요 무역품이 되었다.

밀무역의 형태

조선 정부와 쓰시마는 밀무역 행위나 밀무역을 하는 사람을 '잠상(潛商)'이라 불렀다. '잠(潛)'이 '잠기다'라는 뜻이니 잠상은 '수면 아래에서 행하는 거래, 즉 밀매매'라는 의미이다. 조선 전기에도 상인이 참가하는 무역은 이윤이 컸기 때문에 밀무역이 횡행하여 조선 정부가 무역을 폐지했다가 다시 허가하는 일이 반복되었다.

그러다 보니 1607년 통교가 재개되었을 때도 조선 정부는 왜관 안팎에서 밀무역이 성행할 것을 염려했다. 조선 후기의 개시무역은 몇몇 금지품을 제외하고는 거래품목이나 수량에 제한이 없었지만 그렇다고 해서 완전히 개방된 것은 아니었다. 개시무역에 참가할 수 있는 사람, 자격, 매매장소, 특정 물품 등에 제한이 따랐고, 밀무역은 이런 제한의 바깥에서 감행되었다.

조선 후기의 밀무역은 다양한 형태로 조선과 일본 양국에서 일어났다. 조선에서는 주로 왜관에 체류하는 일본인에 의해 이루어졌다. 그리고 일본이 '누케부네[拔船]'라고 부르는 밀무역도 있었는데, 이것은 바쿠후의 법령(해외 도항 금지령)을 어기고 조선 연안에 몰래 도항하여 조선인과 거래하는 것을 말한다. 에도 바쿠후는 1630년대에 쇄국령을 발포하여 자국민의 해외 도항을 금지하고, 외국에 나가 있던 일본인의 입국도 금지했다. 일본에서는 통신사의 일본행이나 문위행의 쓰시마 방문에 편승하여, 사행원과 현지 일본인 사이에서 행해졌다.

왜관 안팎에서 이루어지는 밀무역은 개시무역을 이용하여 관리들의 감시를 피해 부정하게 거래하거나, 혹은 금지품을 왜관으로 반입시키거나 왜관 밖에서 거래하는 형태가 주류를 이루었다. 때로는 교역 업무에 관여하는 조선의 관리나 쓰시마의 관리가 가담하는 등 방법도 다양했다. 당연히 이 같은 불법 매매는 규제 대상이 되었고, 조선 정부는 여러 가지 규정을 마련하여 밀거래 통제와 처벌에 여념이 없었다. 조선 정부와 쓰시마가 어떤 식으로 밀무역을 처리했는지 왜관에서 발생한 사례부터 살펴보자.

밀무역과 계해약조

조선의 문헌에 따르면 일본과의 통교가 다시 시작되고 얼마 지나지 않은 1612년에 조한무라는 사람이, 1623년에는 동래의 임소라는 사람이 각각 밀무역 용의로 효시(참수형)되었다고 한다. 임소는 왜관의 일본인과 거래하며 약 7만 냥에 달하는 은화를 증식했다. 임소가 참수된 것은 조선이 무역이 개시된 직후부터 밀무역에 엄형주의(嚴刑主義) 정책을 취한 결과였다. 한편, 조한무, 임소 등과 공모했던 상대 일본인에 관한 기록은 없다.

조선 정부는 일본인에게도 같은 형벌을 적용해야 한다고 했지만, 쓰시마는 동의하지 않았다. 조선은 오랜 협의를 거친 끝에 1682년 쓰시마와 '계해약조(癸亥約條)'를 체결하는 데 성공했다. 계해약조에는 '노보세[路浮稅, 밀무역자금 전대(前貸)행위]를 행한 조선인과 일본인은 사형에 처한다', '개시무역 때 왜관의 방에서 밀매를 행한 자는 쌍방을 사형에 처한다'는 항목이 있다. 밀무역이 발각되면 당사자인 조선 사람은 물론 공모한 일본인까지 왜관 문밖에서 처형한다는 것이다. 처형이 실제로 집행된 곳은 왜관 부근의 영선산(榮繕山)으로, 옛날에는 '양산(兩山)', '쌍악(双岳)'이라 불렀고, 쓰시마의 기록에는 '이악(二嶽)' 또는 '二ノ嶽'이라 나온다.

1698년에 발각된 시로스 요헤이[白水與兵衛] 사건은 계해약조가 처음으로 적용된 사례였다. 왜관의 시로스가 조선인 여섯 명과 공모하여 은(銀) 스무 관목(貫目)을 조선인에게 건넸는데, 후일 인삼을 조달받기 위해 건네준 자금이었다. 이 사건은 조선인의 밀고로 인삼이 시로스에게 넘겨지기 전에 발각되었다. 시로스는 변장을 하고 왜관을 몰래 빠져나와 조선인 두 명과 동래에서 숙박하면서 계획을 세워 노보세와 난출 금지를 위반했다.

소통사(小通事) 김귀철이 쌀 네 표(俵)를 시로스로부터 받기로 약속하고 이 상담(商談)을 중매했다. 그 밖에도 모의장소를 제공한 자, 인삼주(人蔘主), 군관(軍官) 등 조선의 하급관리와 백성이 연루된 사실이 드러났다. 조선인 관련자 여섯 명 중 두 명이 도주하여 7월에 네 명만 처형되었다.

한편, 사건이 왜관에 통보된 지 얼마 지나지 않아 시로스와 공모한 것으로 보이는 이이쓰카 기헤이[飯束喜兵衛]가 왜관 내에서 자결한 채 발견되었다. 조선 정부는 계해약조에 의거하여 시로스를 동죄(同罪)로 처벌하도록 쓰시마에 요구했다. 쓰시마는 '시로스의 공모자가 모두 조선인인데다가 모두 처형되어 시로스를 귀국 조치하기 곤란한 상황이므로' 조선의 요구에 응하기로 했다. 결국, 시로스는 8월에 양국 관리들이 입회한 가운데 이악에서 효수되었다. 시로스 사건은 양국 간에 큰 마찰 없이 계해약조대로 처리되었다.

다만, 쓰시마에서는 시로스가 조선인에게 건넨 은 스무 관을 문제 삼았다. 시로스 사건이 발생한 1698년은 바쿠후의 화폐개주(1695)가 단행된 후여서 순도 64%의 겐로쿠긴[元祿銀]과 순도 80%의 게이초긴[慶長銀]이 모두 사용되던 시기였고, 시로스가 조선인에게 건넨 스무 관도 신구 화폐가 반반이었다. 더구나 화폐개주로부터 3년이 지난 시점이라 조선이 선호하는 순도 높은 게이초긴을 구하기 어려운 상황이었기 때문에, 쓰시마 번청은 관수에게 조선인에 넘겨진 은을 전액 회수하라고 지시했다.

은은 당시 쓰시마에게 대단히 중요한 수출품이었고, 인삼은 수입과 일본 국내 판매를 독점적으로 관리하는 상품이었기 때문에 시로스와 이이쓰카는 매우 중대한 죄를 저지른 것이었다. 번청이 최종적으로 회수한 액수는 시로스가 조선인에게 건넨 은의 절반에 불과했다.

계해약조는 밀무역 통제정책이라는 측면에서 획기적인 시도였지만, 제대로 이행되지 않은 예도 많았다. 이는 쓰시마가 이익을 위해 밀무역을 묵인하거나 밀무역 판정 여부를 둘러싸고 조선 정부와 의견을 달리하여 결과적으로 약조 이행을 거부했기 때문이다. 다음 두 사건은 바로 계해약조의 규정이 제대로 준수되지 않은 경우였다.

1688년 소통사 한국안(韓國安)을 포함한 네 명의 조선인이 인삼 두 근 세 냥을 왜관에서 겐키치[源吉]에게 밀매한 사실이 드러났다. 그 결과, 한 명은 도주하고, 소통사 등 세 명은 체포되어 그해 11월에 사형이 집행되었다. 조선 정부가 일본인의 동죄 처벌을 요구하자 쓰시마번은 겐키치의 인도를 거부했을 뿐 아니라 사건 처리에도 대단히 비협조적인 태도를 보였다.

게다가 11월에는 사신 도보 추에몬[唐坊忠右衛門]과 동행한 사행원이 부산 주민 두 명에게 노보세를 주고 왜관에서 수십 석의 쌀을 구매한 사실이 발각되었다. 사건 당사자가 비밀리에 쓰시마로 귀국해버리자 조정에서는 계해약조의 유명무실화를 우려하는 목소리가 높아졌다. 쓰시마를 방문한 문위행이 진상 규명과 용의자 송환을 요구했으나 쓰시마는 '인삼 매매는 계해약조에 언급되지 않았다'면서 답을 회피하며 애매한 대응으로 일관했다. 앞서 다룬 시로스 요헤이 사건과는 확연하게 다른 태도였다. 당시 조선 정부의 인삼무역 정책과 쓰시마의 애매한 태도를 고려해 보면 이 사건은 겐키치 개인의 밀거래가 아니었을 가능성이 크다.

조선 정부는 1686~1692년의 개시무역에서 조선 인삼의 매매를 전면적으로 금지하였다. 이는 밀매를 통한 국외 유출을 막는 동시에 국내 수요 물량을 확보하려는 조치였다. 당시 쓰시마번의 무역 장부를 보면 조선 정부가 공식적으로 개시무역에서 인삼거래를 금지한 기간에도 예년과 큰 차이 없는 양의 인삼이 수입되고 있었다. 이는 불법적인 경로를 통한 수입이었고, 그렇게 많은 양의 인삼을 불법으로 수입하는 것은 왜관 무역에 관여했던 조선 상인들이나 역관들의 협력이 없었다면 불가능했을 것이다.

당시 개시무역에서 쓰시마가 가장 중시하던 교역품이 인삼이었던 만큼 번 차원에서 밀수입을 감행한 것이다. 1688년에 발각된 겐키치 사건은 당시 번 차원에서 추진하던 인삼 밀수입 활동 중 일부가 표면화되었을 가능성이 농후하다. 내부적으로도 번청의 허가를 받지 않은 인삼거래를 엄격하게 통제했던 쓰시마가 겐키치의 처벌을 거부한 것이 그 증거가 아니었을까. 어쨌든 겐키치에 대한 처벌은 끝내 흐지부지되었다.

또 다른 사건은 1692년 초량 주민 여럿이 모리타 타헤이[森田太兵衛]라는 초닌[町人]에게서 노보세를 받고 왜관에 잠입하여 쌀 50석을 판매한 것이다. 색리(色吏), 수문군관(守門軍官), 소통사, 부장(部將) 등이 매수되어 그들의 왜관 잠입을 눈감아 주었고, 소통사 세 명은 밀매 자금인 노보세를 조선인에게 건네주었다. 쌀은 부피가 큰 물품이라 왜관을 경비하는 조선 관리의 협조 없이는 쉽게 반입할 수 없었을 것이다.

조선 정부는 주범격인 세 명을 사형에, 관련자 네 명을 변경으로 유배 보낸 뒤 모리타의 처형을 요구했다. 그러자 왜관 측은 '모리타가 이미 귀국해서 사실관계를 확인할 수가 없다'고 변명했지만 실제로는 조선의 추궁이 있을 것을 예상한 관수가 급히 귀국시킨 것이었다. 사건이 발각되자 당사자를 재빨리 쓰시마로 귀국시켜 버린 관수의 대응은 대개 엄하게 처벌되는 인삼 밀매와는 사뭇 대조적이었다.

이 사건은 밀무역 판단을 둘러싸고 조선과 쓰시마가 각기 다른 주장을 반복한 경우이다. 조선은 노보세로 은이 미리 건네어지고 매매가 은밀하게 이루어진 점을 들어 명백한 밀무역이라고 단정한 데 비해, 쓰시마는 조선인에게 주문해 두었던 쌀을 후일 조달받았을 뿐이라고 주장했다. 쓰시마의 주장은 궁색한 변명이었다. 왜냐면 공작미 제도를 시행하면서 개시무역에서 일본에 쌀을 판매하는 것을 금지하였고, 조시(朝市) 때 소량 판매하는 것만 허가되었기 때문이다.

조시란 왜관 인근에 거주하는 조선인들이 채소, 과일, 생선, 쌀 등을 왜관의 일본인들에게 팔기 위해 수문 앞에서 매일 아침 여는 장을 말한다. 왜관에서 소비하는 일용품은 쓰시마 상인들을 통해 어느 정도 조달했지만, 생선·채소와 같은 식재료는 조시에서 구입하고 조선의 하급관리가 시장을 감시하게 되어 있었다.

어쨌든 왜관의 일본인이 공작미 외에 상당량의 쌀을 손에 넣는 방법은 밀매뿐이었다. 실제로 쓰시마는 식량에 충당시킬 쌀이 부족한 상황이라면 재관자는 온갖 수단을 동원해서라도 쌀을 마련해야 한다는 입장을 내부적으로 견지하고 있었다. 모리타 역시 끝내 조선으로 송환되지 않았다.

쓰시마 번청은 개인의 밀무역에 엄격했고, 따라서 이런

부류의 사건이 발각될 경우 계해약조에 따라 당사자를 처리했다. 하지만 개인의 밀무역과는 달리 번 차원에서 필요에 따라 허용하거나 묵인하는 밀매매도 존재했다. 이를 조선 측이 적발하면 쓰시마는 당사자를 재빨리 귀국시키고는 조선의 요구에 응하지 않았다. 이것이 계해약조의 실상이었다.

그렇다면 이런 일들은 왜관에서만 일어났을까? 무대를 쓰시마로 옮겨서 살펴보자.

문위행의 밀무역

쓰시마에서 발생한 밀무역의 주역은 '문위행(問慰行)'이었다. 문위행이란 조선 정부가 쓰시마 번주(藩主)인 소(宗)씨에게 파견한 외교사절로, 정사(正使)와 부사(副使)가 조선의 왜학 역관으로 구성되었다. 그래서 역관사(譯官使) 또는 도해역관사(渡海譯官使)라고 부르기도 한다. 조선은 일본의 최고 권력자인 쇼군에게는 통신사를, 쓰시마번 소씨에게는 문위행을 각각 파견했다.

문위행의 임무는 번주 소씨 집안의 경조사에 대한 인사와 소씨가 참근교대(參勤交代)를 하고 에도에서 쓰시마로 귀환한 것을 축하하는 것이었다. 문위행은 1632년에 시작되어 정례화된 것으로 보인다. 조선 정부는 대륙에서 여진족[淸]이 흥기하여 북방의 군사적 긴장감이 존재하는 가운데, 소씨가 에도에서 쓰시마로 돌아온 후 문위행을 보내 일본의 정세를 탐색하려 했다.

문위행은 4~5년에 한 번씩, 1860년까지 약 50여 회 파견되었다. 20~30년마다 한 번씩 파견되는 통신사보다 훨씬 빈번하게 파견된 탓에 양국의 통교에서 파생되는 현안을 논의하는 데 효과적이었다. 문위행의 구성은 통신사행의 축소판으로, 최소 45명에서 최대 150여 명까지 인원수에서 큰 편차를 보였다.

체재하는 기간은 짧으면 보름, 길면 4개월 정도였다. 쓰시마에 체재하는 동안 본래의 업무인 외교 의례를 수행하고, 통신사 파견을 위한 사전준비로 외교문서 양식, 회답 양식, 예단 수량 등 실무를 협의하기도 했다. 왜관에서 발생한 문제가 조선 정부의 뜻대로 해결되지 않을 경우 문위행이 쓰시마 번청과 직접 교섭을 벌이기도 했다.

문위행의 파견이 가장 빈번했던 때는 조일무역이 가장 번성하여 쓰시마번의 재정상태가 비교적 양호했던 17세기 중엽부터 18세기 초엽까지이다. 이후 무역의 쇠퇴와 더불어 쓰시마번의 재정이 악화하자 파견횟수도 감소했다. 문위행은 정식 무역통로로 입수하기 어려운 물품을 쓰시마에서 직접 구해오기도 했다. 사절단이 무역할 수 있는 여지가 생기자 쓰시마 사람들과 밀무역하는 일이 발생했다.

앞서 시로스 요헤이가 계해약조의 밀무역 조항을 위반했다는 명목으로 조선에서 처형된 예를 소개했는데, 밀무역을 이유로 조선에서 처형된 일본인은 몇 명 더 있었다. 시로스와의 차이점은 왜관이 아니라 쓰시마에서 문위행 사행원과 밀매를 했으며, 조선의 요구가 없었는데도 쓰시마가 자발적으로 이들을 왜관에 보냈다는 사실이다.

1713년 사건부터 보자. 박재창을 당상관(堂上官)으로 하는 문위행이 쓰시마로 건너갔는데 조선의 선장(船將) 안시적이 쓰시마의 요코메[橫目] 오우라 이에몬[大浦伊右衛門]에게 인삼을 판매한 사실이 드러났다. 쓰시마번은 조선인에게서 몰래 인삼을 구입한 오우라를 왜관으로 호송하여 그곳에서 처형하기로 결정했다. 또 문위행이 귀국하기 전에 이 사건을 동래부에 통보하여 안시적도 조선의 국법에 따라 처벌할 것을 요구했다. 관수가 이를 동래부에 통보하자 조선은 번주 소씨 명의의 서한을 수취하고, 오우라와 안시적을 대면시켜 사실관계를 확인한 후 처벌하겠다고 전했다.

하지만 쓰시마는 독자적으로 오우라의 처형 날짜를 1714년 2월 2일로 정하고, 예정대로 왜관 부근에서 처형해 버렸다. 조선은 이러한 일방적인 처리에 항의했다. 그러자 관수는 '오우라가 병자였고, 쓰시마 번청이 조속한 집행을 원했기 때문'이라고 답변했다. 조선도 안시적을 취조했으나 범행 사실을 강력히 부인했고, 이미 오우라가 처형되어 증언을 얻을 수 없어 사실 여부를 확정하기 어려운 상황이었다.

조선이 요청하지도 않았는데 쓰시마가 오우라를 왜관에 보내 처벌한 이유는 무엇이었을까?

우선 문위행이 쓰시마에 갈 때마다 밀무역이 너무나 많이 발생한 점을 꼽을 수 있다. 쓰시마번은 1713년 문위행 때도 밀매를 자제해 줄 것을 조선 측에 강력히 요청했다. 그런데도 밀무역이 발생하자 오우라를 조선에서 처벌하여 문위행 수행원들이 쓰시마에서 밀무역을 하고 있다는 사실을 조선에 알리려 한 것이다. 안시적은 끝까지 사실을 인정하지 않은 채 1717년 탈옥했다. 그 후 안시적이 다시 체포되었다거나 처벌되었다는 기록은 보이지 않는다.

1717년 이송년을 당상관으로 한 문위행이 쓰시마로 건너갔을 때, 역관이 데려간 김정남이라는 사람이 기헤이[喜兵衛]에게 인삼을 판매한 사실이 조선 측에 통보되었다. 사행단이 조선에 귀국한 지 5개월이 지난 시점에 통보된 것이다. 쓰시마는 오우라 이에몬 사건과 마찬가지로 기헤이를 조선에서 처형하기로 하고, 처형 일자가 정해졌음을 알렸다.

조선은 정작 사행단이 귀국한 시점에는 쓰시마가 이 사건에 대해 전혀 언급하지 않았다는 사실에 큰 불만을 표시했다. 귀국하고서 5개월이 지난 시점에 이 사실이 폭로되면 이송년을 비롯한 고위 역관들의 입장이 난처해지는 건 말할 나위 없었다. 쓰시마번은 조선에 통보한 날로부터 불과 며칠 후 왜관 부근에서 기헤이를 처형했다. 공교롭게도 기헤이의 매매 상대로 지목된 김정남에 대한 처벌 기록은 발견되지 않는다.

두 사건은 쓰시마 사람을 일부러 조선에 보내 처벌한, 이례적인 조치가 취해진 사례이다. 쓰시마번은 '외국에서의 사형'이라는 방식을 취해 쓰시마 내부에 '본보기적 징계' 효과를 노렸으며, 동시에 조선인들에게 이를 알려서 사절단의 밀무역을 조선 정부에 알리고자 했다. 이밖에, 일단 귀국한 쓰시마 사람이 왜관에 체재할 때 저지른 잠상 행위가 뒤늦게 발각되어 조선에 보내져 처벌된 경우도 있었다.

이러한 사례에서 알 수 있듯이 문위행 밀무역의 특징은 사행원들의 '침묵'이었다. 역관들은 조선에 귀국해서도 쓰시마에서 누군가가 밀매매를 하다 들통이 났다는 사실을 조정에 보고하지 않았다. 조선의 문헌과 쓰시마의 기록에 남아 있는 문위행의 밀매 건수가 극단적으로 다른 점이 이를 뒷받침한다. 이것은 통신사와 크게 다른 점이었다.

원래 조선 정부는 외교사행의 품위를 고려해서 일본에 갔을 때 매매행위를 하지 못하도록 했다. 문위행도 외교사절이므로 매매행위를 해서는 안 되는 게 원칙이었지만 현실에서는 왕성하게 행해졌다. 과장을 조금 섞어 표현하면 '사행원 모두가' 밀무역을 시도했다고 해도 과언이 아닐 정도였으니, 한두 명을 찍어서 조정에 보고하는 게 오히려 불가능했을 것이다. 형태도 다양해서 개인의 밀매는 물론이거니와 역관이 직접 가담하기도 했고, 정황이나 매매된 물품으로 미루어 여러 명이 공모한 경우도 있었다.

1703년, 한천석을 당상관으로 한 문위행의 임무는 번주 소 요시자네[宗義眞] 조문과 새로운 번주 소 요시미치[宗義方]의 계승을 축하하는 것이었다. 그런데 사행단이 탄 배가 쓰시마의 사스나[佐須奈] 항구에서 2~3리 떨어진 곳에 침몰하는 바람에 승선자 전원이 익사하고 말았다. 이 사고 이후 왜관과 조선인들 사이에는 침몰한 배에 밀무역품이 적재되어 있었다는 소문이 떠돌았다. 물론 쓰시마에 도착하기도 전에 사행원 전원이 사망한 탓에 사실 여부를 확인할 길은 없다.

그로부터 약 20년 후 문위행은 대규모의 집단 잠상을 시도했다. 1721년, 역관 최상집을 필두로 사신단 전원이 공모하여 적어도 200근 이상의 인삼을 쓰시마로 가져간 사실이 발각되었다. 그 무렵 쓰시마번이 에도의 인삼좌(人蔘座)에서 소매로 판매한 인삼이 1년간 550근, 오사카에서 4근, 교토에서 9근이었으므로, 한 차례의 밀무역에 동원된 인삼의 수량으로는 가히 최대 규모였다. 인삼은 배 밑바닥과 번주에게 줄 예물상자 등에 숨겨 반입되었고, 쓰시마의 항구에 도착한 시점부터 현지 상인 등을 상대로 거래되었다. 그리고 이 밀거래에는 쓰시마의 관리들도 다수가 연루되어 있었다.

쓰시마 번청은 고심한 끝에 조선 정부에 이 사실을 즉시 통보하지 않는 대신, 바쿠후로부터 하달된 '조선 약재(藥材) 조사 명령'을 수행하는 데 밀무역의 주범인 역관들을 활용하기로 했다. 당시 쇼군 도쿠가와 요시무네[德川吉宗]는 의약행정 사업의 일환으로 일본 내의 약초류 조사를 추진 중이었고, 조선의 의학과 약초류에도 깊은 관심이 있었다.

이에 쓰시마는 조선 역관들의 협조를 얻어 단기간에 조선의 약초를 조사하여 바쿠후에 보고하였다. 아울러 조선의 인삼 생초(生草)를 요시무네에게 헌상했고, 이는 후일 인삼의 일본 국내재배로 이어지는 결과를 낳았다. 요시무네에게 헌상한 인삼 생초는 조선의 역관들이 발품을 팔아 구해 준 것이었다. 쓰시마 사람들은 왜관 바깥으로 나갈 수 없었으니 역관의 적극적인 도움 없이 조선 인삼의 생초를 손에 넣는 건 불가능했다.

쓰시마로서는 통교에서 실무를 담당하는 조선 역관의 중재 능력과 협조를 중시해야 하는 입장이라서, 막상 역관들이 밀무역에 개입한 사실을 알아도 조선 정부에 일일이 통보하고 항의하는 식의 대응을 자제하는 측면이 없지 않았다. 오히려 1721년 사건처럼 조선 정부에 '즉시 폭로하지 않는' 대가로 자신들의 업무에 협조하게 하여 역이용하는 일도 있었다.

이런 이유로 문위행의 밀무역에는 현존하는 사료만으로는 알기 어려운 수수께끼가 많다. 이를테면 200근이나 되는 인삼을 조달하는 비용의 출처는 과연 사행단원의 지갑뿐이었을까 하는 의문이 그것이다. 부유한 상인이나 재력 있는 양반들이 문위행의 사행에 투자하는 일이 전혀 없었을까? 문위행의 밀무역에는 조선 측의 자금원, 역관의 활동, 쓰시마의 숨은 의도 등이 복잡하게 뒤얽혀 있었다.

마지막으로, 쓰시마의 문헌을 보면 계해약조와 전혀 관계없는 사안인데도 죄인을 조선에 보내 처형한 사례가 나온다. 예를 들어 1694년 쓰시마 사람 세 명[八助·平兵衛·長吉]이 조선으로 도망쳐 와서 마치 나가토[長門, 야마구치현]에서 표류해 온 것처럼 거짓 행세를 했다. 조선 정부는 그들을 해난사고로 조선에 표착한 표류민으로 파악하여, 표류민에게 합당한 보호와 접대를 제공하였다. 그러나 그들은 조선의 선박을 탈취하여 도망치다가 다시 쓰시마에 표착하였다. 그러자 쓰시마 번청은 이를 조선 정부에 통보하고 같은 해 8월에 영선산에서 세 명 전원을 처형했다.

그들이 쓰시마에서 도망쳐 나온 것은 쓰시마 내부의 일인데도 굳이 조선에 다시 보내 처형한 이유는 알기 어렵다. 여러 사례를 종합해보건대 쓰시마번이 쓰시마 사람을 조선에 보내서 처형한 경우는 계해약조를 만들었을 때 조선 정부가 상정했던 상황보다 훨씬 다양했다.

동아시아의 인기 상품, '일본제 무기'

에도시대의 일본은 바쿠후의 쇄국정책으로 자국민의 해외 도항이 금지되었다. 하지만 바쿠후의 법을 어기고 대담하게 조선 연안까지 도항을 감행하는 사람들도 있었다. 1667년, 조선을 상대로 활동하던 대규모 무기 밀매조직이 일본에서 적발되었는데, 에도시대 최대 규모의 불법 밀항이었다.

당시 일본 사회에서 거상으로 이름을 날리던 하카타[博多]의 이토 코자에몬[伊藤小左衛門]을 비롯하여 나가사키, 쓰시마, 후쿠오카[福岡], 오사카[大坂] 등의 자금 제공자와 도항자가 수십 명에 이르렀다. 무려 네 차례 도항에 성공하여(도항 시도 총 7회), 바쿠후가 수출을 금지한 일본의 무구류(武具類), 즉 갑옷, 창, 도검(刀劍), 조총, 유황(硫黃) 등을 조선에 판매했다. 게다가 무구류를 '최종적으로' 사들인 주체는 개인이나 민간의 밀매조직이 아닌 조선 정부였다.

1660년대 전반에 일본에서 어떻게 그처럼 대량의 무기류가 수출될 수 있었을까? 조선 정부는 불법적인 경로라는 사실을 알면서도 왜 일본 선박에게서 무기와 군수물자를 사들였을까?

무기와 군수물자는 한 나라의 국방정책, 군수산업과 밀접한 관계에 있으며, 그런 의미에서 단순한 소비재와는 차별화된 '정치성'을 띤다. 조선은 언제부터 일본으로부터 무구류를 수입했는지 1667년 밀매가 발각되기까지 양국의 무기류 교역의 흐름을 짚어보자.

바쿠후가 1621년 무기나 군수물자의 해외 수출을 금지하기 이전, 동아시아에서 일본 무기류에 대한 평가는 상당히 좋았다. 특히 일본 도검은 중국에서 우수성을 인정받아 무로마치[室町] 시대 때부터 명나라에 대량으로 수출되었다. 15세기 초에서 16세기 중반까지 일명(日明)무역을 통해 무로마치 쇼군이 명 황제에게 바친 부탑품(附搭品) 도검만 10만 점 이상이었다. 무로마치 시대의 일본은 동아시아 최대의 무기 수출국이었다.

조선 정부가 일본제 무기에 본격적으로 관심을 보인 계기는 임진왜란이었다. 조총으로 무장한 일본군 때문에 전쟁 초반에 고전을 면치 못했던 조선은 일본제 무기에 관심이 높았다. 특히, 조선군이 사용하던 화기에 비해 한 단계 높은 성능의 일본제 조총과 도검의 우수성을 높이 평가하며, 제조기술을 도입하기 위해 노력을 쏟았다. 항복한 왜병 중에 무술에 뛰어난 자들을 훈련도감(訓鍊都監)에 배치하여 검술과 조총 사용법을 조선 병사들에게 전수하게 하고, 조병 기술에 밝은 자를 군기시(軍器寺)에 배속시켜 조총과 화약제조에 종사하게 했다.

1593년에는 마침내 중앙의 훈련도감뿐만 아니라 황해, 평안, 충청 등 지방의 감영과 병영에서 자체적으로 조총을 제조하기에 이르렀다. 그러나 성능 면에서 대부분 정교함이 떨어진 조야한 형태였고, 재료인 철물의 부족과 재정 궁핍으로 인해 대량생산체제가 성립되지는 못했다.

1609년 기유약조가 체결되어 교역이 재개되자 조선 정부는 일본제 무기를 적극적으로 수입하기 시작했다. 예를 들어 1607년 일본에 파견된 통신사는 교토[京都]에서 장병(長柄) 100개를, 사카이[堺]에서 조총 500정을 구입했다. 왜관의 개시무역을 통해서도 일본의 총검류가 속속 반입되어 조선 정부에 매각되었다. 일본에서 무기 수출 금지령이나 수출제한이 없었던 1600~1610년대에 조선 정부는 일본의 무기를 쉽게 구입할 수 있었고, 일본 정부도 무기판매에 협조적이었다.

그러던 바쿠후가 1621년 무기류의 해외 수출 금지령을 발포했다. 이 법령은 일본에 내항하는 모든 외국선의 안전한 교역을 보장한다는 원칙이 바탕이었다. 특히 바쿠후는 특정 국가에 군사적인 편의를 제공하여 외국 간의 국제분쟁이나 전쟁에 연루되어 쇼군의 권위가 훼손되는 사태를 방지하고자 했다. 당시 동남아시아 지역에서는 일본을 비롯하여 포르투갈, 스페인, 네덜란드, 영국 등이 무역거점 확보와 이권을 쟁탈하기 위해 무력충돌이 반복되고 있었기 때문이다.

하지만 바쿠후의 무기 수출 금지령이 발포된 후에도 조선 정부는 이전보다 한층 더 쓰시마의 무기 수출을 환영했다. 1620년부터 1630년대까지 후금(後金)의 요동 장악과 두 차례에 걸친 조선 침략으로 인해 일본제 무기에 대한 주목도가 상

쓰시마 번주 소 요시나리[宗義成]

승했기 때문이다. 인조정권이 취하고 있던 '후금을 상정한 무비(武備) 확충정책'의 영향이 컸다. 한편 쓰시마는 일본의 국법 위반이라는 점을 알면서도 바쿠후로부터 아무런 허가도 받지 않은 채 진상품 혹은 매매의 형식으로 무기 수출을 계속했다.

하지만 조총과 같은 총기류 수출은 1629년을 기점으로 사라졌다. 바쿠후가 야나가와잇켄[柳川一件]을 심의하는 과정에서 쓰시마가 조선 정부에 병기를 제공한 사실을 야나가와 시게오키[柳川調興]가 폭로했기 때문이다. 야나가와잇켄이란 쓰시마 번주 소 요시나리[宗義成]와 그의 가신 야나가와 시게오키가 대립한 끝에 바쿠후에 소송을 제기하여, 그간 조선과의 외교에서 쓰시마가 반복해온 국서개찬(國書改竄)이 폭로된 사건을 말한다. 양자의 대립은 번주 소씨의 승리로 끝났다.

야나가와잇켄 심의 과정에서 무기 수출에 관해 바쿠후의 추궁을 받지는 않았지만 그 후 소씨는 자연스럽게 무기류의 조선 반출을 자제했다. 야나가와잇켄 이후 조선은 쓰시마에게 무기류의 매매를 재개할 것을 요청했으나 소 요시나리는 지극히 소극적인 태도로 응했다. 이런 자세는 조선이 1636년 병자호란, 즉 후금의 두 번째 침략을 받았다는 정보를 접하고도 변함이 없었고, 왜관에서 무기매매 금지를 오히려 강화했다.

이에 조선 정부는 바쿠후에 직접 요청을 넣어 1655년과 1657년, 두 번에 걸쳐 공식적으로 무기류를 구입하였다. 1655년에는 통신사가 오사카에서 유황 5,000근을 적재하고 귀국했다. 구입한 유황 5,000근 가운데 4,000근은 강화부(江華府)에, 나머지 1,000근은 훈련도감과 수어청에 분급되었고, 해당 아문이 유황값을 지급했다. 수어청은 조선 후기 오군영(五軍營) 중 하나로 1626년 한성 동남쪽의 방어선인 남한산성을 개축하고, 이 일대의 방어를 위해 설치되었다. 1657년, 쓰시마는 바쿠후의 허가를 받고 유황 1만 근을 조선에 수출했다.

비공식으로 거래된 '일본제 무구류'

조선은 쓰시마라는 일본제 무구류 구매 통로를 상실하자 점차 비공식 통로를 활용하기 시작했다. 야나가와잇켄 이후 1650년대까지 조선은 '유황' 구매에 열을 올렸다. 두 번의 호란을 경험한 조선은 17세기 중엽 효종, 현종, 숙종 초까지 북벌정책을 표방하고 국방을 강화했다. 군비(軍備) 확충을 위해 한성의 각 군문(軍門), 지방의 감영·병영·수영에서는 군사훈련과 무기생산에 박차를 가하였다. 조총, 화약, 연환(조총의 탄환)의 생산이 증가함에 따라 제조 원료인 철, 유황, 연철의 수요도 자연히 급증했다.

특히 화약은 조총 탄환의 발사물이자, 각종 화기에 필요한 소모품이었다. 화약을 제조하기 위해서는 염초(焰硝)·유황·유회(버드나무 재)가 필요한데, 17세기 중엽 당시 조선의 염초 제조기술은 낮은 수준이었다. 게다가 유황 광산은 거의 개발되지 않아 군비확충에서 조선 정부의 가장 큰 고민거리였다.

염초는 1627년 정묘호란 이후 명(明)을 통한 정식 수입로

가 단절된 상태였고, 청(淸)은 염초를 비롯한 군수물자의 해외 유출을 엄금하고 있었다. 이에 조선은 청나라로 가는 사행단을 이용하여 염초를 밀수입하기 시작했으나 밀매한 사실이 발각되어 국가적인 수모를 당하자 군수물자 밀매를 중단하기로 했다. 이후 염초 제조기술은 발전을 거듭하여 마침내 1698년 한어 역관 김지남이 『신전자초방(新傳煮硝方)』을 내놓음으로써 국내 생산이 이루어졌다.

유황은 국내 유황 광산의 미개발로 인해 그 수입을 전적으로 일본에 의존하고 있었다. 유황은 중국에서도 생산되었지만, 질적·양적인 면에서 일본산이 좋았다. 일본에는 화산지대가 넓게 분포되어 각처에서 유황이 생산되었다. 에도시대에는 규슈의 분고 하야미군[速見郡]의 구베리유노이[玖倍理湯井], 츠루미다케[鶴見岳] 등에서 다량의 유황이 채취되었다.

유황은 가마쿠라[鎌倉] 시대 초기에 남송(南宋)에 수출되었고, 일명(日明) 무역의 주요 수출품이었다. 일본에서 명으로 가는 견명선(遣明船)의 진공물 중에 유황 1만 근을 구비하는 것은 상례였으며, 1451년의 견명선은 유황 218,640kg을 적재하고 가기도 했다. 무로마치 시대에는 사신단의 진물로 조선에 보내지기도 했다. 문헌에는 '석유황(石硫黃)'이라고 기록되었는데, 이는 자연생 유황 광석을 가리킨다.

조선으로 밀항하는 일본 배들

1667년, 일본에서 무기 밀매조직이 적발되며 일본 사회에 커다란 파장을 일으켰다. 이 조직의 주모자이자 실질적 자금원인 이토 코자에몬[伊藤小左衛門]은 유서 깊은 상인 집안 후계자이자 후쿠오카 번주인 구로다[黑田] 가문의 어용상인이었다. 밀매를 실행한 사람들은 쓰시마 출신 오쿠보 진에몬을 비롯해 조선 무역의 요령을 체득한 해상(海商)들이었다. 조선인과의 의사소통을 위해서인지 가담자 중에는 쓰시마의 조선통사(朝鮮通詞)도 있었다. 그들은 쓰시마, 나가사키, 오사카, 하카다, 시마바라[島原], 미야자키[宮崎], 구루메[久留米]의 상인들과 주민들로 구성된, 광역적인 연계를 가진 조직이었다.

국법을 위반한 사안인 만큼 바쿠후가 직접 조사한 결과 1662~1666년까지 일곱 차례 조선으로 도항을 감행했고, 그중 네 차례에 걸쳐 밀매가 이루어졌음이 밝혀졌다. 그들이 판매한 것은 일본제 무구류, 조총, 갑옷, 창, 장도(長刀), 와키자시[脇差, 일본도], 유황 등 수출 금지 품목이었다. 그런데 조총이나 창, 장도, 와키자시는 모두 실전에서 사용할 수 있는 무기이니까 사들였다고 해도, 조선이 일본 갑옷을 대체 왜 구입했는지 의아하다. 갑옷은 직접 착용하고 전투에 나가지 않는 이상 한낱

용두산에서 바라본 왜관 선창과 바다(위), 원거리에서 바라본 왜관(아래).
〈부산포초량화관지도(釜山浦草梁和館之圖)〉(19세기 말 필사본. 국사편찬위원회 소장)

장식품에 지나지 않기 때문이다.

바쿠후에 의해 유죄판결을 받은 자는 이토 코자에몬을 포함해 무려 87명이었고, 조선에 밀매된 유황은 조선 문헌에서 확인된 것만 약 10만 근에 달했다. 해외도항과 금제품 거래 등 바쿠후의 법을 위반한 혐의로 주모자는 사형되었다. 조직에 가담한 사람 중에는 왜관에 건너가 본 사람도 있었을 테고, 그들이 왜관에서 얻은 정보, 인맥 등이 밀무역에서 활용되었을 것이다.

그렇다면 어떤 계기로 그토록 많은 양의 무구류를 조선으로 가져가게 되었고, 누가 그것을 사들였을까. 조선의 문헌을 바탕으로 재구성하면 다음과 같다.

<첫 번째 거래>

유황을 적재한 일본 배가 처음 조선 근해에 나타난 것은 1663년이다. 1657년에 유황 1만 근을 수입한 것을 마지막으로 공식적인 유황 수입은 단절된 상태였다. 따라서 당시 조선에서는 유황 가격이 폭등하고, 각지의 비축량도 줄어 품귀현상을 빚고 있었다. 그러자 훈련도감 대장 이완은 한성의 부상(富商) 이응상에게 유황 수입을 주선할 것을 청했다. 이에 이응상은 임무성을 동래에 보내 부산진 군관(軍官) 박명천과 함께 수입을 주선하도록 했다.

그 결과 1663년 가을, 일본 배가 유황 13,600여 근을 싣고 가덕도 앞바다에 나타났다. 조선의 역관 한시열, 상인 방이공·임무성·김덕생 등이 이를 100근당 은(銀) 70냥에 사들여 훈련도감에 9,700여 근, 어영청에 2,000여 근을 납품했다. 훈련도감은 유황을 사들이며, 사비를 들여 원활하게 공급한 공적을 치하하고 상을 내리도록 조정에 주청했다.

여기서 중요한 것은 조선의 중앙군문인 훈련도감의 대장이 직접 상인에게 일본 유황을 사들이도록 지시한 사실이다. 지시를 받은 상인과 역관은 중개인으로 활동하며 조선의 군사기관이 무구류를 구입하고자 한다는 사실을 왜관의 일본인에게 은밀히 전달했고, 이 정보가 쓰시마로 전해져 일본 내에서 '광역적인 연계를 가진 조직'이 형성되었을 것이다. 이렇게 해서 1663년 가을, 첫 번째 거래가 이루어졌다. 이것은 조선 스스로 쓰시마와 체결한 통교 약조를 위반한 것이었다. 기유약조(1609년)에는 다음과 같은 조항이 있다.

제8항
조선에 보내는 배는 모두 쓰시마주가 발급하는 문인(文引)을 받은 뒤에 올 수 있다.

제9항
쓰시마주에게는 전례에 따라 도서(圖書)를 만들어 지급하고, 종이에 견본을 찍어 예조(禮曹) 교서관(校書館)에 보관하고, 부산포(釜山浦)에 두고서 서계(書契)가 올 때마다 그 진위를 살펴어 격에 어긋나거나 부험(符驗)이 없는 배는 돌려보낸다.

제10항
도주의 문인이 없는 자 및 부산을 거치지 않는 자는 적(賊)으로 논단(論斷)한다.

-『증정교린지(增正交隣志)』·『조선통교대기(朝鮮通交大紀)』

문인이란 쓰시마 번주가 발행하는 일종의 도항증명서이다. 쓰시마 번주가 발급한 문인도 없고, 서계도 지참하지 않은 배가 부산을 거치지 않고 가덕도로 왔는데도, 조선 정부는 '적으로 논단'하지 않고 그들이 가져온 물건을 사들인 것이다.

<두 번째 거래>

훈련도감 제조(提調)였던 좌의정 원두표, 이완, 한성우윤(漢城右尹) 유혁연 등이 문위행의 당상관 김근행에게 '쓰시마에 가면 유황을 구할 방도를 마련하라'고 명했다. 여기에 등장하는 문신 원두표와 무신 이완은 효종이 북벌의 대임을 맡긴 인물이었다. 역관 김근행은 1660·1663·1664·1666·1672년에 문위행을 이끈, 화려한 경력을 소유자이다. 김근행은 1660년 혹은 1663년 쓰시마에 갔을 때 누군가와 유황과 무기류 밀매를 논의한 것으로 추정된다.

1664년, 유황과 장검을 적재한 일본 배가 가덕도 앞바다로 올 것이라는 정보가 조정에 보고되었다. 뒤이어 3월에는 좌의정 원두표가 "지금 세 명의 왜인이 와서 은밀하게 거래하고 있고, 섬 안에도 숨겨둔 것이 있다고 합니다. 지난번에는 유황 100근 값이 은화 80냥까지 갔었는데 지금은 70냥에 불과하고, 앞으로는 그보다 더 내릴 것이니 이 길을 끊어서는 안 됩니다"라고 조정에 현황을 보고했다. 조정은 이것이 비록 '잠매(潛賣)'이기는 하지만 조선에서 유황이 산출되지 않으므로 그 입수 경로를 끊어서는 안 된다는 점을 강조하며 적극적으로 사들였다.

『조선왕조실록』 현종 5년(1664) 7월 무신조에 따르면, 동래부사 안진(安縝)이 조정에 올린 비밀 보고문에는 "왜선이 야음을 타고 가덕진에 정박했습니다. 상인 임지죽(林之竹)이 백금 6,900여 냥을 지급하고 이들로부터 유황 11,300근과 물소뿔, 긴 조총, 장검 등을 사들였습니다. 임지죽은 왜인들이 별도로 준 장검, 단검, 창, 유황 등을 사사로이 쓰지 않고 모두 진상했으니, 조정에서 품의하여 처리해 주십시오"라고 되어 있었다. 이 비밀 보고문은 이전에 역관 김근행과 일본인과 맺었던 밀약에 따라 두 번째 거래가 성사되었음을 알리고 있다.

< 세 번째 거래 >

1665년 7월, 경상감사 임의백(任義伯)이 '유황을 적재한 일본 배 한 척이 용초도(龍草島)에 정박 중인데 일본인들이 상인 임지죽·피기문과의 면회를 희망하고 있다'고 보고했다. 임지죽과 피기문은 이전부터 김근행과 연계되어 유황

매입에 종사했던 인물들이었다. 보고를 받은 비변사는 비밀리에 교역하게 하도록 동래부사와 통제사에게 명하는 한편, 금후 밀무역을 엄금하도록 동래부사에게 지시했다. 구매한 유황의 삼분의 일은 경상도의 병영·수영·통영에 나누어 주고, 한성으로 운반된 것은 군사기관에 나누어주고 값을 치르게 했다.

조선 정부는 이때에도 상인을 중간에 세워 유황을 구매했지만, 이 거래를 마지막으로 하여 이후부터는 무기류 수입을 중지하기로 결의했다. 조정에는 이미 이전부터 일본의 무구류를 사들이는 것에 관해 우려를 표하는 신료들이 있었다. 호조판서 정치화(鄭致和)가 그중 한 명이었다. 그는 1664년, 정부가 주도하는 것과 다름없는 유황 매입을 왜관의 일본인들도 알고 있을 것이며, 일반인이 밀매에 편승하는 빌미가 될 수 있다며 폐해를 역설했다. 현종은 이후 유황 잠상을 엄금하라고 명했다.

조정이 결단을 내린 데는 당시 조선의 유황 광산 개발이 진척을 보였기 때문이기도 했다. 1661년 수어청이 전라도 진산(珍山)에서 유황 광산을 개발한 것을 계기로 각지에서 활발하게 진행되고 있었다. 1669년에 이르러서는 좌의정 허적(許積)이 "유황은 많이 산출되고 있어 부족을 걱정하지 않는다"라고 할 만큼 국내에서 유황 조달은 어느 정도 가능해졌다.

<네 번째 거래>

조선이 더는 구매하지 않기로 결의한 이듬해인 1666년 7월, 유황 약 43,300근, 장검 50점, 중검 10점, 조총 7정 등을 적재한 일본 배가 지세포(지금의 거제도)에 또 나타났다. 이들은 "이전에 소통사 김검충(金檢忠)과 거래를 약속했다"고 주장했다. 조선은 김검충을 체포하는 한편 유황과 총검류는 일단 사들였다. 더불어 상대 일본인들에게는 이후부터는 거래하지 않겠다는 의사를 전달했다.

소통사 김검충은 1664년 상인 임지죽·피기문과 함께 관련 물품 구매에 참여했던 인물이다. 당시 일본인과 접촉하는 과정에서 한 번 더 매매하기로 약속한 듯하다. 이전과 비교해 볼 때 일본인들이 가져온 유황 43,300근은 가히 엄청난 양이었다.

그러나 이 건에 대해 조선 정부의 대응은 종전과는 달랐다. 일단 유황과 총검류를 사들이기는 했지만 일본 배가 출현한 것에 매우 놀라는 모습이었고, 김검충을 구류하여 별건의 매매 약속이 또 있는지 심문했다. 이런 정황으로 보건대

네 번째 거래는 고위관리의 지시나 승인을 전제로 추진된 게 아니었을 가능성이 크다. 조정에서는 1665년의 수입을 마지막으로 불법적인 거래를 중지하기로 결정했으나 1666년에 유황을 적재한 일본 배가 또다시 나타났으니 이는 조정 일각에서 염려하던 '편승 밀무역'이 현실화한 것이었다.

바쿠후의 추궁

일본에서 밀매조직이 발각되자 에도 바쿠후는 쓰시마를 통해 조선 정부에 진상 규명과 공식적인 해명을 요구했다. 이에 쓰시마는 바쿠후가 관련자를 어떻게 처벌했는지 알리고, 조선 쪽 내통자도 적발하여 엄벌하도록 요구했다. 그러자 조선 정부는 '과거 변경에서 발생한 일에 관해 아직 보고된 바 없다. 내교(來敎)가 먼저 미치면 곡절을 용서할 것이고, 이미 지난 일을 꾸짖기를 원치 않는다'는 외교문서(답서)를 발급했다. 완곡하게 쓰시마의 요구를 거절하는 내용이다.

사실 이 사건은 조선 정부가 일본 쪽에 물건을 주문하면서 시작된 거나 다름없었고, 사건의 본질상 일본 배와 내통한 자를 찾아내어 처벌하는 식의 대응은 할 수 없으니 이렇게 애

매모호한 답서를 보낸 것이다.

하지만 쓰시마로서는 조선 정부의 이런 반응을 바쿠후에 그대로 보고할 수 없었다. 쓰시마는 1668년 다시 외교문서를 보내 무구류를 매입한 조선인 색출을 요구하고, 문인을 소지하지 않은 일본 배를 쫓아내지 않은 점을 추궁했다. 쓰시마의 지적은 날카로웠다.

그러자 조선 정부는 '……지난해 일본 배가 조선의 경계에 정박하여 유황을 팔고자 했다. 유황은 우리 조선에서 산출되지 않는 물품이라 조선이 과거 유황 교역을 원했다는 것을 쓰시마도 잘 알고 있을 것이다. 그 일본 배가 왔을 때 인계(印契)를 확인하지 않고 금지하지 않은 점은 소홀한 처사였다. 일의 앞뒤가 이러하니 죄가 귀속되는 바가 없다. 단, 이후에 이를 엄격히 금함에 조금이라도 소홀함이 있겠는가. 변경에 지시하여 조심해서 이를 지키게 할 것이다.……'라는 답서를 보냈다.

이 답서에서 조선은 유황 부족으로 인해 문인(印契)이 없는 선박으로부터 유황을 구매한 사실, 그리고 그것을 물리치지 않은 점을 인정했다. 그러면서도 '죄를 물어야 할 대상이 없다'고 해서 더는 추궁하지 못하도록 하고, '앞으로 엄중히 금하겠다'고 외교적인 성의를 보였다. 쓰시마도 더는 진상을 추궁하지 않았고, 동시에 바쿠후의 체면도 실추시키지 않는 선에서 교섭을 마무리했다. 하지만 오랜 세월 조선 통교를 전담하여 조선 사정에 밝았던 쓰시마는 이 사건의 진상을 상당 부분 파악하고 있었을 것이다. '일본제 무기류의 대량 밀매'는 이후 자연스럽게 소멸했다.

왜관을 뛰쳐나간 일본인들

倭館

왜관을 뛰쳐나간 일본인들

난출

조선은 왜관의 일본인들이 왜관을 벗어나 인근 마을이나 조선의 내지를 함부로 돌아다니지 못하게 하고, 일본인들이 통행해도 되는 지역의 범위를 상세히 정해 놓았다. 만약 이를 어기고 무단으로 벗어났을 경우 이를 '난출(闌出, 欄出)'이라 하여 엄중히 항의했다. '난(闌, 欄)'은 '가로막음, 문을 가로질러 차단하는 나무, 난간'이라는 뜻의 한자로, '가두어둔 곳을 나가버림' 정도로 해석된다. 난출은 조선이 일본과 통교하면서 가장 억제하고자 했던 '3대 금지행위' 중의 하나였다.

조선이 재관자의 통행 범위를 통제했던 데는 이유가 있었다. 임진왜란 이전만 해도 일본인들은 비교적 자유롭게 조선의 내지를 다닐 수 있었다. 삼포(부산포·염포·제포)로 입항한 일본인들은 '왜인상경도로(倭人上京道路)'를 따라 한성에 올라가 외교 의례와 무역을 하고 다시 삼포로 내려갔다. 그 이동 과정은 그들에게 '조선 유람', '외국 여행'이나 다름없었다.

하지만 임진왜란이 터지자 왜인상경도로는 일본군의 침략로로 이용되었고, 그 길을 오가며 얻은 지리 감각과 정보가 일본군의 진군에 활용되었다. 국내 통행을 허용했던 것이 결과적으로 일본군의 조선 침략을 용이하게 한 것이다.

국교가 재개되자 조선 정부는 일본인의 체재를 부산의 왜관으로 제한하고, 조선 내지를 돌아다니지 못하게 했다. 왜관 부근의 마을을 드나들다가 조선 백성들과 친밀해져 함께 밀무역을 모의하거나 조선의 군사시설이나 내정에 관한 정보를 얻게 될 것을 우려했기 때문이다. 통교 업무상 왜관에 출입하는 조선의 관리나 상인 이외에, 일반 백성이 재관자와 접촉하지 못하도록 최대한 봉쇄하는 것이 조선의 방침이었다.

재관자 통행 규제

먼저, 조선 정부가 난출을 금지하기 위해 고안해낸 규정부터 살펴보자.

두모포왜관이 설치되자 조선 정부는 재관 일본인의 통행 범위를 제한하는 규정을 각종 '약조'에 넣었다. 예를 들면, 1653년의 '금산입각방약조(禁散入各房約條)'에는 '재관자는 왜관 문밖에 나가더라도 앞의 강을 넘어가서는 안 된다'는 조항이 있다.

1678년 '조시약조(朝市約條)'에는 '조시 때 식재료 구매를 마치면 즉시 왜관으로 들어가야 하고, 왜관에서 멀리 떨어진 조선 백성의 집에 들어가서는 안 되며, 사신이 외교 의례를 치르기 위해 왜관과 숙배소를 왕복할 때 동행하는 자들은 행렬을 이탈하여 뒤에 남으면 안 된다'고 했다.

초량왜관으로 이전한 이듬해 동래부사 이서우(李瑞雨)는 왜관 주변을 측량하고, 경계를 표시하는 표식을 세웠다. 표지판이 세워진 곳은 왜관에서 동쪽으로 300보, 서쪽으로 서산(西山)까지 80보, 서남쪽으로 초량 여염마을까지 100보, 남쪽으로 100보 떨어진 지점이었다. 초량왜관에는 담이 둘러쳐져 있었지만 담 바깥쪽으로 여유 공간에 금지 표지를 세워서, 넘어서는 안 되는 경계로 삼았다.

이 표지판은 그 뒤로 크게 바뀌지 않았으나 표지 바깥 지역을 왕래하는 것이 허용되는 경우도 있었다. 재관자들이 피안(彼岸)과 우란본(盂蘭盆)에 두모포왜관으로 성묘하러 가는 것은 가능했다. 우란본은 음력 7월 15일로, 백중(百中, 百衆)·백종(百種)·망혼일(亡魂日)·중원(中元)이라고도 한다. 돌아가신 조상의 혼을 위로하기 위하여 음식, 과일, 술 등을 차려놓고 의식을 치르기 때문에 '망혼일'로도 불렸다.

두모포왜관에는 왜관에서 세상을 떠난 사람들의 묘가 있었는데 초량왜관으로 이전한 후에도 묘는 그 자리에 남아 있었다. 망자의 후손이나 관계자가 원하면 봄·가을의 피안(춘분, 추분을 기준으로 해서 전후 7일간)과 우란본에 관수에게 미리 신청하고 통행증명서를 받아 묘소에 참배할 수 있었다.

관수는 미리 두모포왜관 방문에 관해 공지하고, 불미스러운 일이 발생하지 않도록 주의를 기울였다. 조선 정부는 재관자들이 초량왜관에서 두모포로 이동할 때 조선과 쓰시마의 관리가 동행하도록 했다. 이동하는 도중에 조선의 민가에 들어가거나 대오 이탈을 방지하기 위해서였다.

재관자들은 조선 역관의 집무소가 있는 곳을 '사카노시타'라고 불렀는데, 이곳은 왜관에서 다소 떨어진 곳이었다. 통교 업무를 수행하기 위해 조선의 역관은 수시로 왜관에 드나들었지만, 왜관의 관수 등이 역관의 집무소에 사람을 보내 특정 사안을 문의하는 경우도 흔했다. 조선은 계해약조에 '용무가 있는 자는 관수에게 신고하고, 통행증을 발급받아서 훈도와 별

〈조선도회(朝鮮圖繪)〉의 역관 집무소(교토대학 부속도서관 소장)

차가 있는 곳에 왕래해야 한다'는 조항을 넣었다.

조선에 표착한 일본 표류민의 표착 경위를 조사하기 위해 관수나 재판이 표류민이 머무는 장소까지 외출하는 것도 허용되었다. 쓰시마에서 온 표류민은 조선 관리의 조사를 받은 후 곧바로 왜관으로 보내졌다. 하지만 일본인이라도 쓰시마 이외의 지역에서 조선에 도착한 표착민은 왜관으로 이송되지 않고 다대포(多大浦)·우암포(牛岩浦)에 수용되었다. 쓰시마가 그들을 왜관으로 이송하는 것을 반대했기 때문이다.

일본인이 조선에 표착하면 표착 경위를 조사해서 보고서를 작성하고, 표류민을 위로하는 것이 관수와 재판의 의무였다. 쓰시마번은 그 보고서를 가지고 바쿠후에 보고했다. 따라서 관수나 재판은 경위를 조사하기 위해 왜관에서 표류민이 수용된 지역까지 적어도 두세 번 왕복해야 했다. 1707년 일본 표류민의 수용지가 우암포로 일원화된 후 관수와 재판은 원칙적으로 왜관에서 우암포를 육로로 왕복했다.

쓰시마가 일본의 다른 지역에 거주하는 표착민을 왜관에 들이지 않던 것은 다른 번에게 자번의 실상을 보여주지 않으려 했던 에도 시대 일본 사회의 특징 때문이었다. 쓰시마의 사료를 보면, 쓰시마가 왜관을 '번주 소씨가 조선에 갖고 있는 저택(屋敷)'이라고 표현한 예를 어렵지 않게 찾아 볼 수 있다. 에도시대에 이런 표현을 접하거나 들은 일본인이라면 다이묘가 자신의 영지가 아닌 지역에 갖고 있던 저택, 이를테면 에도의 '에도야시키[江戶屋敷]'를 연상했을 것이다.

쓰시마 스스로도 왜관을 쓰시마의 '조센야시키[朝鮮屋敷]'라고 표현하곤 했다. 쓰시마번은 교역을 위해 어쩔 수 없이 조선의 관리와 상인은 왜관에 들어오게 했지만, 쓰시마의 공간이라 여기는 왜관에 다른 번의 주민은 들이고 싶지 않았던 것이다.

선암사에 다녀오다

조선의 문헌 『변례집요(邊例集要)』에는 1626년부터 1807년까지 약 20여 건의 난출 사례가 수록되어 있다. '조선의 자연을 구경하고 싶어서', '온천에 가고 싶어서', '절에 다녀오려고' 등등 지극히 '개인적인 이유'일거라 추정되는 난출이 있는가 하면, 조선 정부에 대한 불만에 기인하는 '항의성·기획성' 난출도 있었다. 후자는 무역이나 외교 교섭을 쓰시마에 유리하게 진행하기 위한 일종의 '시위'의 성격을 띠었다. 조선 문헌에 수록된 난출 사례에서는 후자의 의도적인 난출이 절대다수를 점하고 있다.

난출에 엄격했던 조선 정부는 계해약조에 '금표로 정한 한계 바깥으로 나갈 경우, 대소사를 불문하고 난출한 자를 사형에 처한다'는 조항을 넣었다. 정해진 구역을 벗어났다는 이유로 '사형'에 처한다는 무시무시한 규정이 출현한 것이다. 이것을 과연 왜관의 일본인들은 얼마나 지켰을까. 계해약조가 체결되고서 처음 발생한 난출부터 보자.

1695년 정월, 재관자 여섯 명이 왜관에서 북쪽으로 약 5~6km 떨어진 선암사(仙巌寺, 후의 仙岩寺)에 다녀오는 사건이 발생했다. 선암사는 지금의 부산광역시 부산진구 백양산에 있는 절이다. 사료에는 그저 절에 다녀왔다고만 되어 있어서 다른 목적이 있었는지는 알 수 없다. 어쨌거나 '명백한' 난출이었기 때문에 조선은 계해약조에 따라서 여섯 명 전원을 사형에 처해야 한다고 주장했는데, 2월에 '당사자들은 쓰시마에 보내져 쓰시마 법에 따라 오지로 추방되었다'는 답변이 돌아왔다.

그런데 정월에 관수는 이 문제를 조선의 역관과 의논한 후 난출한 젠베에[善兵衛]를 귀국시켰다. 젠베에는 왜관에 오기 전에 쓰시마의 사스나[佐須奈] 항구에서 조선인을 일본도(日本刀)로 베는 사건을 저질렀다. 1693년 말에서 1694년 초에 걸쳐 문위행이 쓰시마를 방문했으므로 젠베에가 공격한 조선인은 사행원이었을 것이다. 상처를 입은 조선인은 부산으로 보내졌다. 관수는 "그 조선인이 사망하면 젠베에도 사형을 면할 수 없지만, 일단은 비밀로 해두고 부상자를 치료하는 데 전념해 달라"고 부탁했다. 역관은 관수의 부탁을 받아들여 이 사건을 동래부에 보고하지 않았다.

이렇게 쓰시마에서 한번 사고를 저지른 젠베에가 왜관에 와서 난출을 했기 때문에 본격적인 조사가 시작되면 상해 사건을 은폐한 사실이 발각될 것을 염려한 역관이 젠베에를 귀국시키는 데에 동의했던 게 아닐까? 이 일은 계해약조가 체결된 후 처음 발생한 난출이다 보니 조선 정부는 이듬해까지

집요하게 처벌을 요구했다.

쓰시마는 "난출이 약조 위반 행위인 건 인정하지만 절에 다녀왔다는 이유만으로 사형에 처할 수는 없다. 본국 일본의 처형 제도에 비추어보아도 결코 사형에 해당하는 중죄가 아니다. 이미 처벌했으니 이중처벌은 할 수 없다"고 답변했다. 아마 이것이 쓰시마의 적나라한 본심이었을 것이다. 조선 정부가 강하게 밀어붙이는 바람에 어쩔 수 없이 계해약조에 동의하기는 했지만, 난출에 대한 쓰시마번의 속내는 이랬다. 동시에 이 답변은 계해약조의 난출 처벌조항에 따르지 않겠다는 선언이기도 했다.

그런데 왜관의 일본인이 선암사에 다녀오는 사건은 한 번만 발생한 것이 아니었다. 1665년에 한 번, 1697년에는 세 번이나 발생했다. 대체 재관자들은 무엇 때문에 선암사로 향했던 걸까. 일설에 의하면 선암사는 조선 전기부터 일본과 관련이 있는 절이었다고 한다. 일제강점기 때 편찬된 『부산부사원고(釜山府史原稿)』(도서출판 민족문화, 1986) 제1권에 의하면, 견강사(見江寺, 신라시대 창건)는 1400년에 동평현(東平縣)에서 자성대(子城台) 부근으로 이전할 때 분립하여 세워진 것이 선암사라고 한다. 견강사는 『해동제국기(海東諸國紀)』「부산포지도(富山浦之図)」에 왜인의 집락에 표시된 절(倭館이라는 글자의

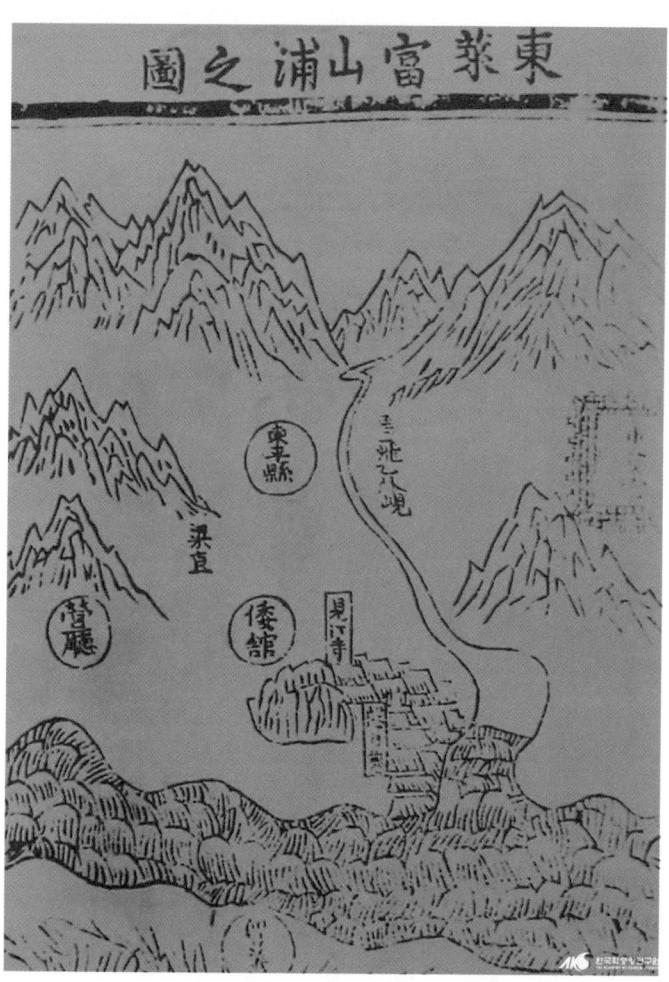

신숙주, 『해동제국기(海東諸國記)』에 수록된 부산포 지도

백양산 선암사의 대웅전

오른쪽)이며, 임진왜란 때 폐사되었다고 한다.

『선암사기(仙巖寺記)』에 따르면 '이 절의 불상은 왜인에 의해 그 나라(일본)에 봉안되었으나, 재난이 빈번하게 일어나고 횡사하는 자가 많아졌다. 점을 보았더니 다른 나라의 불상을 묘산(墓山) 밑에 두어 벌을 받는 것이라는 점괘가 나왔다. 왜인은 곧 불상을 조선으로 가져왔고 동평현의 손성민(孫成敏)이 승려들을 이끌고 불상을 받아 선암사에 돌려주었다'고 한다.

불상을 일본으로 가져간 시기는 알 수 없지만 아마 조선 전기 삼포왜란 때로 추정된다. '한 번 일본에 다녀왔던 불상이 안치되어 있기 때문이었을까?' 하는 생각도 해보지만 여러 명의 재관자가 조선의 규정을 위반하면서까지 유독 이 절을 다녀간 이유는 여전히 명쾌하지 않다.

80여 명의 난출

1710년, 재관자 80여 명이 식재료를 구매한다는 이유로 설문(設門) 바깥으로 나갔다. 설문은 역관 집무소와 동래부 쪽 마을 사이에 위치하는 문으로, 재관자는 이 문을 넘어가서는 안 됐다. 난출은 두 번 있었다. 두 번째 난출에는 57명이 왜관의 북쪽 담을 넘어서 구덕산(九德山)까지 갔다. 구덕산(九德山)은 부산광역시 서구 서대신동 서쪽에 있는 산으로, 부산의 등줄인 금정산맥의 말단에 있다. 당시의 관수 히라타 쇼자에몬[平田所左衛門]은 "매일 수문(守門) 앞에서 열리던 조시(朝市)가 갑자기 중단되어 어쩔 수 없이 식재료를 사러 나갔다"고 변명했다.

조선의 왕족이나 쓰시마 번주가 세상을 떠난 경우 혹은 쓰시마의 요청으로 조시가 일정 기간 중지되는 일은 있었지만 강제로 중단되는 일은 없었다. 조선 왕족이나 쓰시마 번주가 세상을 떠나면 조시뿐만 아니라 쓰시마 사신에 대한 조선의 향응도 일시적으로 중지되었다. 특히, 쓰시마 번주가 사망했을 때 왜관에서는 공작미 반입이나 무역 업무, 조시, 외교 의례상의 향응, 심지어 선박 출항도 일시적으로 중단하는 것이 항례였다. 이런 상황이 되면 조선도 이에 협력하여 역관 일동이 상복 차림으로 왜관에 들어가 동향사(東向寺)에서 조문 배례를 했다.

당시 조시는 왜관 인근 마을 사람들은 물론이거니와 원거리에서 물건을 팔러 온 조선인들로 활기를 띠었고, 대부분이 여성이었다. 왜관은 여성의 출입이 금지된 곳이었으므로 재관자가 조선의 여성과 접촉할 수 있는 유일한 장소가 조시였다. 물건을 사고파는 행위에는 자연스레 흥정이 따르니 서로 간단한 일본어와 조선어를 구사하며 대화했을 것이다. 때로는 이 조시에서 교간(交奸)을 모의하기도 했다. 공교롭게 1707년에는 감옥(甘玉)이라는 여인이 재관자와 교간한 사실이 드러나 일본인의 처벌 문제를 둘러싸고 조선 정부와 쓰시마가 갈등하였다.

이러한 조시의 상황을 '매우 문란하다'고 판단한 동래부사 권이진(權以鎭)은 조시에 여성이 오는 것을 금지했다. 활기를 띠었던 조시는 참가하는 사람의 수가 급격하게 줄어들었고, 식재료를 이전처럼 구하지 못하게 된 일본인들은 이것을 일방적인 '중단'이라고 받아들였다. 조시의 상황이 돌변한 것을 이상하게 여긴 관수는 역관을 불러 사전통지도 없이 조시를 중단하는 동래부의 정책에 불만을 표했다. 그러면서 조시가 이전 상태로 돌아가지 않는다면 제한구역 밖으로 나가 식재료를 구할 수밖에 없으니 이런 사정을 동래부사에게 전해 달라고 요청했다.

하지만 역관들은 어떤 이유에서인지 이런 상황을 동래부사에게 보고하지 않았다. 결국 부산첨사 조세망(趙世望)의 명령으로 여성의 조시 참가가 허용되었지만, 관수에게는 난출에 대한 책임을 물어 '철공(撤供)' 조취가 취해졌다. 철공이란 조선 정부가 쓰시마 사신에게 왜관 체재 수당으로 지급하던 식량을 중단하는 것을 말한다. 이 조치는 같은 해 8월에 해제되었고, 다른 난출자들은 어떠한 처벌도 받지 않았다.

조선은 때때로 개시무역을 일시적으로 중지하는 '철시(撤市)'를 실시하기도 했다. 철공과 철시는 난출이나 분쟁이 일어났을 때 조선 정부가 문제를 일으킨 당사자와 쓰시마에 대한 일종의 징벌 조치로서 취한 조치였고 때로는 쓰시마와의 분쟁을 해결하기 위한 수단으로 사용되기도 했다.

1710년의 난출을 관수가 막지 않은 이유는 단지 조시 때문만은 아니었다. 당시 누적되어 있던 공작미의 미납, 1708년 분 공작미도 완납되지 못한 상황에 대한 항의가 깔려 있었다. 조선 정부가 쓰시마에 건네는 연간 16,000석의 공작미는 체납되는 일이 매우 빈번했다. 그해에 결재하지 못하고 이듬해 혹은 그 이듬해에 지급되는 경우도 비일비재했다. 그 이유는 공작미 납부 의무를 지닌 경상도 각 지역에서 동래부로 쌀이 원활하게 집하되지 않았기 때문이다.

공작미는 처음 경상도 17개 읍에서 징수되다가 40개 읍으로 증가했다. 경상도 전체가 70여 읍이었으니 경상도에서 반 이상의 지역이 공작미 납부의 의무를 지고 있었다. 공작미 제도를 처음 실시했을 때 조선 정부는 5년 한도의 일시적인 조치이자 쓰시마에 대한 특전이라고 인식하였다. 그래서 쌀값 변동이나 농작의 풍흉을 고려하지 않고, 우연히 쌀 가격이 저렴했던 당시의 기준으로 교환율을 정하는 바람에 쌀 납부량이 공작미 실시 이전에 비해 두 배 이상으로 늘어났다. 이처럼 경상도 지역 농민의 부담으로 돌아간 공작미는 자연재해로 인한 흉작, 역병 등이 발생하면 어쩔 수 없이 심각한 체납으로 이어졌다.

쓰시마의 난출 인식

난출은 밀무역과는 달리 '통제하는 조선'과 '통제받는 재관 일본인' 사이에 인식의 간극이 존재했다. 조선 정부에게 왜관은 국내에 설치된 유일한 외국인 거류지였기 때문에 재관자의 행동 범위를 일정 구역 안으로 제한하여 조선 백성과의 접촉을 막으려 했고, 국내 실정이 일본에 알려지지 않도록 주의를 기울였다. 이런 정책은 당시 일본도 마찬가지여서 나가사키로 입항하는 네덜란드인은 데지마의 오란다(네덜란드) 상관에, 중국인은 도진야시키에서 머물다 떠나도록 했다.

왜관의 일본인들에게 난출 규정을 지켜한다는 의식이 없는 건 아니었다. 조선 정부가 난출을 엄금하는 사실을 충분히 인지하고 있었고, 관수도 평소에는 규정을 어기지 말 것을 강조했다. 하지만 수십 명이 왜관을 나가버리면 경고나 항의 정도로 끝나지 않는다는 점을 쓰시마는 영리하게 활용했다.

풀리지 않는 교섭 사안이나 무역 갈등을 쓰시마가 원하는 방향으로 끌고 가기 위한 수단으로, 혹은 조선의 왜관 행정에 불만을 표시하기 위한 항의 수단으로 관수의 지시 하에 계획적으로 감행되는 예가 종종 있었다. 이런 의도적인 난출은 주로 17세기에 집중적으로 발생했다.

수십 명이 왜관을 뛰쳐나가 몇 개의 그룹으로 나뉘어 여기저기 돌아다니다가 왜관으로 다시 돌아온다거나, 동래부사에게 직접 호소하겠다며 동래부로 향하다가 이를 저지하는 조선의 군관과 무력충돌을 벌이기도 했다. 그런 혼란의 와중에 사람이 다치기도 했다.

쓰시마는 이런 식의 난출로 혼란과 충돌이 발생하면 동래부사나 부산첨사가 관리 소홀과 통제 미숙을 이유로 경질되고, 훈도와 별차 등 담당 역관들이 처벌된다는 사실을 잘 알고 있었다. 오죽하면 1824년 조정에서는 '왜관 행정을 담당하는 관리의 권위를 높이기 위해 자잘한 난출을 이유로 동래부사와 부산첨사를 해임해서는 안 된다'는 의견이 나왔을 정도였다.

난출을 일으키는 의도가 이렇다 보니 쓰시마는 '난출하면 조선에서 사형에 처한다'는 계해약조를 전혀 지키지 않았다. 관수는 당사자를 몰래 귀국시켜버렸고, 관수나 재판이 당분간 철공이나 철시를 감수하는 정도로 끝났다. 계해약조에 따라 사형당한 난출자는 한 명도 없었다.

조선인의 왜관 난입

난출과는 반대로 조선인이 왜관 안에 멋대로 들어가는 일도 있었다. 왜관은 특정한 관리·역관·상인 이외의 조선인은 출입할 수 없는 금지 구역이었다. 하지만 조선인이 몰래 왜관에 들어가는 일은 드물지 않았고, 이유도 다양했다.

왜관에 재화가 많다는 소문을 듣고 훔치러 들어온 도둑, 기근으로 고통받는 빈민, 잘 곳을 찾아 떠도는 부랑자 등 왜관에 난입한 사람은 왜관 주변, 즉 동래부나 동래부에서 비교적 가까운 경상도 지역의 주민이 가장 많았고, 드물지만 멀리 강원도에서 온 사람도 있었다. 희귀한 예이지만 일본에 망명을 신청한 경우도 있었다. 1836년, 역모 사건에 연루된 남응중(南膺中)은 왜관에 투서하고 망명을 신청했는데, 이때 왜관 측은 신속하게 그의 신병을 조선 측에 인도했다.

앞에서 재관자 여섯 명이 선암사에 갔다 온 사건을 소개했는데, 그때 조선의 관리가 난출을 추궁하자 관수는 "관 내에 잠입한 조선인이 용두산에서 벌목하고 있는 걸 보았다"며, 난출한 사람들에게 관대한 조치를 취해달라고 요청했다. 조선인이 멋대로 왜관에 들어와 용두산에서 벌목을 했으니 왜관을 나간 재관자도 용서해달라는, 속된 표현을 빌리자면 '퉁

치고 넘어가자'는 식의 논리였다. 1698년에도 조선인 서너 명이 서관(西館)에서 불을 피우다가 발각되었고, 그중 두 명은 관 내의 물건을 훔쳐서 수문을 지키는 조선 군관에게 신병이 넘겨졌다.

이처럼 조선인이 왜관에 몰래 들어가서 물건을 훔치는 일이 있었지만 이에 관한 처벌 규정은 따로 없었다. 1703년, '난입한 사람도 사형에 처한다'는 규정이 생겼는데, 그 배경에는 문위행의 참극이 있었다.

문위행 일행이 탄 배가 쓰시마 사스나 항구에서 2~3리 정도 떨어진 곳에서 풍파로 침몰했다. 이때 문위행을 호송하러 온 쓰시마 사람들의 배는 침몰을 면했지만 역관과 수행원 등 조선인 108명이 탄 배는 침몰하여 전원 익사하고 말았다. 문위행의 조난 사고는 1656년과 1766년에도 있었지만, 1703년에 일어난 사고는 유례를 찾아볼 수 없는 비극이었다.

쓰시마는 바쿠후와 나가사키 부교쇼[長崎奉行所], 인근 번(藩) 등에 이 사실을 알리며 유해가 연안으로 흘러들어오면 신속히 쓰시마에 인도할 것을 당부했다. 그리고 침몰 사실을 조선 정부에도 알렸다.

그로부터 약 10일이 지났을 무렵, 160명 정도의 유족들이 극도의 흥분상태가 되어 훈도와 별차의 만류를 뿌리치고 유해를 돌려달라며 통곡하다가 결국 왜관 안으로 몰려들어 왔다. 그들은 관수옥에 돌을 던지고 몇몇 하급 무사의 머리를 때리기도 했다. 이에 격분한 재관자들이 일본도를 빼 들고 유족을 베려 하자 왜관은 순식간에 아수라장으로 변했다. 급히 나온 관수가 재관자들을 저지하는 동안 유족들은 왜관 밖으로 빠져나갔다. 일본도를 빼 들고 다가오는 무사들의 모습에 놀라 다들 황급히 몸을 피한 것이다.

이 소동은 조정에도 보고가 올라갔다. 조정에서는 재관자를 때려 상해를 입힌 조선인 두 명을 변방에 유배하고, 향후 왜관에 멋대로 침입하는 자는 사형으로 논죄하기로 했다. 이후 실제로 왜관에 난입한 사람을 처벌한 기록이 보인다. 1717년 학노(鶴老)와 순하(順下)라는 조선인이 왜관에 여러 차례 잠입하여 물건을 훔치고 일본인을 칼로 찌르기도 했는데, 조정은 이들에게 유배형을 내렸다. 또, 같은 해 마을동(馬乙同)이라는 자가 관 내에 들어와 도둑질하다가 사람들에게 붙잡히기도 했다.

조선인이 왜관에 잠입한 경우, 왜관 측은 대개 그 조선인을 잡아서 잠입 이유를 먼저 조사한 후 조선의 역관에게 신병을 넘기고, 동래부가 조정에 보고하여 조정의 결정에 따라 처벌했다. 1703년 조선 정부가 왜관 난입자를 처형하기로 결정한 후 관수는 난입자가 발생할 때마다 처형할 것을 요구했지만, 실제로는 동래부사가 조정에 올린 장계(狀啓, 보고서)대로 처벌되었기 때문에 사형에 처해지지 않았다.

조선인은 난입과는 다른 형태로 왜관에 들어오기도 했다. 그것은 '왜인을 구경하기' 위해서였다. 쓰시마의 기록인 『관수일기(館守日記)』에 따르면, 이따금 훈도나 별차를 대동하고 입관한 조선인들이 왜관 안을 둘러보며 구경하는 모습이 기록되어 있다. 그럴 때면 통상 역관들은 관수에게 양해를 구하고 동행한 조선인과 함께 왜관을 둘러본 뒤 돌아가곤 했다.

일본인과의 접촉이 차단되어 있던 당시 조선인에게 왜관은 분명 '왜인(倭人)의 공간', '미지(未知)의 공간'으로 인지되었을 것이다. 도대체 왜인들이 사는 공간은 어떤 모습일까, 왜인의 모습과 왜관의 풍경에 호기심을 가진 사람들이 역관에게 '한 번 구경시켜 달라'고 부탁했으리라 짐작된다. 좀 더 상상의 나래를 펴자면 그런 부탁을 한 사람은 역관 입장에서 거절하기 어려운 사회적 지위에 있던 사람이거나 가까운 지인이었을 것이다.

이렇게 보면 재관자들은 본인의 의사와는 관계없이 때로 조선인의 '구경거리'가 된 셈이다. 그것도 왜관에서 지내는 그들 일상의 일부였다. 이것은 왜관이 조선시대에 유일한 '외국인 체류 구역'이었음을 실감케 하는 장면이다. 조선의 문헌에서는 아예 찾아볼 수 없는, 쓰시마의 기록에만 남아 있는 흥미로운 사실이다.

금녀의 공간

倭館

금   녀   의   공   간

　조선 전기의 왜관 주변에는 일본인이 처자식을 데리고 와서 살기도 했기 때문에 삼포에 일본 여성이 거주하는 예가 적지 않았다. 그러나 조선 후기의 왜관은 일본 여성의 체류는 물론이거니와 조선 여성의 출입도 금지된 '금녀(禁女)의 공간'이었다. 왜관의 남성들이 여성과 공식적으로 접촉할 수 있는 기회는 매일 아침 왜관 수문 앞에서 열리는 시장(조시)에 온 부녀자들로부터 식재료를 구매할 때, 연향대청에서 베풀어지는 향응에서 기생의 춤을 감상할 때뿐이었다.

　그러나 실제로는 조선의 여성이 왜관에 잠입하여 재관자와 성관계를 가진 사실이 발각되곤 했다. 대부분이 성매매였다. 조선 정부는 이것을 '교간(交奸)'이라 부르며 여성 본인과 중개한 조선인을 사형에 처했다. 교간은 밀무역·난출과 함께 조선이 인식한 3대 금지행위였고, 조선과 일본의 문화적·관습적 차이가 가장 극명하게 드러나는 사안이기도 했다.

조선 정부가 교간에 대해 극단적인 엄형 방침을 취했던 것은 당시 조선 사회를 지배하던 유교적 윤리관 때문이라고 풀이하는 시각이 일반적이다. 또는 혼혈인의 증가로 초래될 수 있는 민족적인 위기를 예방하기 위한 정치적 조치로 해석하는 견해도 있다. 하지만 교간에 대한 조선의 인식 근저에는 상대가 '왜인'이라는 민족적인 거부감이 강하게 작용하지 않았을까?

일본의 경우 나가사키 데지마[出島]의 오란다 상관(商館)에 체류하는 네덜란드인이나 도진야시키의 중국인도 자국의 여성을 동반하여 입국하는 것은 금지되어 있었으나, 나가사키의 유녀(遊女, 유곽의 여성)가 출입하는 것은 허용되었다.

오란다 상관의 출입문 경비소는 늘 너덧 명의 경비원이 지키고 있어서 일본인의 출입을 엄중하게 제한했다. 네덜란드인이 상관 밖으로 외출하는 것도 제한되어 있어서 1년에 한 번 상관장(商館長) 이하 12~13명이 쇼군을 만나러 에도로 가는 것, 음력 8월 초하루에 나가사키 부교쇼 방문, 스와[諏訪] 신사(神社)의 제례 참가 등이 허용되었다. 이것을 제외하면 1년의 대부분을 데지마에서 생활했다.

오란다 상관이 규슈[九州] 히라도[平戶]에 위치하던 17세

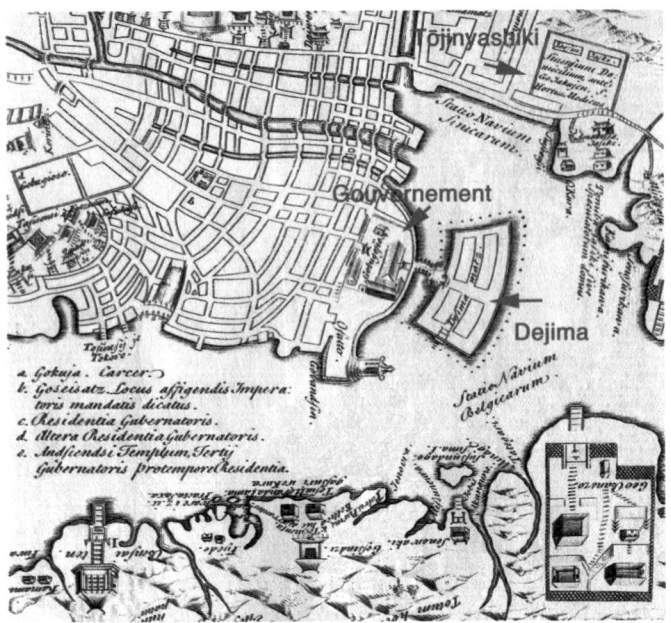

켐펠의 〈일본지(日本誌)〉에 그려진 17세기 말의 나가사키

기 초두에는 네덜란드에서 부인을 동반할 수 있었고, 일본 여성과 결혼하는 것도 허용되었지만, 1630년대에 쇄국정책이 추진되면서 외국인 여성의 일본 거주를 인정하지 않게 되었다. 오란다 상관이나 도진야시키에 출입하던 유녀와의 사이에서 아이가 태어나기도 했는데, 바쿠후는 친부(親父)가 아이를 본국으로 데려가지 못하게 했다.

네덜란드 상관 안의 회식 풍경

교간 사례

여성의 왜관 출입이 공식적으로 금지된 것이 언제부터인지는 분명하지 않다. 문헌상으로 여성의 출입을 금지하는 최초의 성문 규정은 1676년의 '조선인금제(朝鮮人禁制)'이다. 이 금제에는 '왜관 문 근처를 여인이 왕래하는 것을 절대 허락하지 않는다'는 구절이 나오는데, 조선의 문헌에서는 보이지 않고 일본 문헌인 『화관사고(和館事考)』, 『통항일람(通航一覽)』, 『초량화집(草梁話集)』 등에서만 확인된다. 이 일본 문헌들에서도 조선인금제가 어떤 경위로 제정되었는지에 관한 설명은 없다.

한편, 조선의 문헌에는 1661년에 교간 사건이 발생하여 당사자 여성과 조선인 공모자가 효시(梟示)되었다는 기록이 보인다. 따라서 조선 정부는 조선인금제가 만들어지기 훨씬 전부터 이런 종류의 사건이 발생하면 조선인 관련자를 극형으로 다스린 것 같다. 이렇게 조선이 교간을 중대 범죄로 취급했기 때문에 양국의 문헌에는 교간에 관한 기사가 많이 남아 있다. 필자가 조사한 것만 해도 1661년부터 1859년까지 약 11건에 이른다.

당초 조선은 여성과 중개인만을 처벌하는 데 그쳤으나, 1690년에 발생한 교간 사건부터는 쓰시마에게 일본인 당사자도 처형할 것을 요구하기 시작했다. 밀무역과 난출에서 보았듯이 조선 정부는 17세기 말로 갈수록 규정을 위반한 일본인에게도 조선인과 동일한 처벌을 가하려는 경향이 강해졌는데, 이는 교간에서도 나타났다.

1690년의 교간은 여성 세 명이 관 내에 잠입하여 이데 소자에몬[井手惣左衛門]을 비롯한 여러 명과 관계를 한 사건이다.

정보를 입수한 조선의 관리가 관수 후카미 단에몬[深見弾右衛門]에게 여성의 입관 사실을 추궁하자 후카미는 일단 사실을 부인한 후, 서둘러 여성들을 왜관 밖으로 도망치게 했다. 하지만 세 사람 모두 붙잡혀 고문을 당한 끝에 효수되었다. 관수는 끝까지 재관자들의 처벌을 거부했다. 쓰시마 번청은 관수 후카미의 대응을 '적절한 조치'라며 칭찬했다. 이런 사안에 대한 쓰시마의 자세는 조선 정부만큼 열성적이지 않아서 교간을 일으킨 자에게 '조선 도항 중지'를 명하는 정도였다.

1707년, 감옥이라는 여인과 중개인이 교간 혐의로 체포되었을 때도 쓰시마는 재관자들에게 교간 금지를 엄수하도록 하는 한편, 관수에게 관 내를 조사하여 조금이라도 의심스러운 자를 재빨리 쓰시마로 귀국시키도록 지시했다. 조선 정부가 교간 문제에 매우 민감하게 반응하는 것을 쓰시마도 잘 알고 있었던 만큼 교간을 금지하기는 했지만, 정작 위반한 사실이 탄로 나면 쓰시마 내부에서 처리했다. 조선 정부는 관수 히구치 구메에몬[樋口久米右衛門]에게 감옥의 상대를 색출하여 처벌해달라고 요청했지만, 관수는 진상이 불분명하다는 이유로 응하지 않았다 .

1708년, 관수가 조선 정부의 요구에 응하지 않는 사례가 거듭되자 쓰시마에 건너간 문위행은 번청에 교간 사건의 당사자 색출과 처벌을 요구했다. 문위행의 당상관 최상집은 교간한 재판자의 이름이 적힌 예조의 서한을 쓰시마에 가져갔다. 그러자 쓰시마번의 최상위급 무사인 가로[家老]들은 이 사실을 전해 듣고 매우 당황했다. 왜냐면 이 외교문서가 공식적인 자리에서 쓰시마번 당국에 제출되면 답서를 발급해 주어야 했고, 바쿠후에도 그 문서를 제출해야 했기 때문이다. 쓰시마 사람들이 왜관에서 '교간'이라는 행태를 거듭한 결과 이에 분개한 조선 정부가 외교문서로 호소하기에 이르렀다는 사실을 바쿠후와 번주 소씨가 알게 되는 것이다.

가로들은 일단 조선 정부의 외교문서는 나중에 받기로 하고, 최상집에게 일본인의 이름을 먼저 받아서 그를 조사하기로 했다. 조선 정부가 지목한 사람은 쓰시마의 특권 상인 로쿠주닌[六十人] 시로스 진베에[白水甚兵衛]의 아들인 시로스 겐시치[白水源七]였다. 로쿠주닌·로쿠주쇼닌[六十商人]은 중세부터 근세까지 활동한 쓰시마의 특권 상인 그룹이다.

겐시치는 조사가 시작되자 "자신은 조선 여성이 왜관에 들어왔다는 소문을 듣기는 했지만 교간하지는 않았다"며 다른 세 사람의 이름을 댔다. 그러면서 "감옥의 남동생은 역관 집무소 근처에 사는데, 왜관에 머물고 있을 때 그로부터 여러 가지 물건들을 조달받았다. 감옥은 몇 년이나 왜관의 아침 장에 오던 사람이라 그녀를 아는 사람은 나뿐만이 아니다"라고 했다. 겐시치가 지목한 세 명은 조사가 진행되던 시기에 쓰시마에 없거나 혐의를 부정했다.

쓰시마는 문위행이 조선으로 귀국하는 길에 겐시치를 함께 보내서 감옥과 대질 심문하기로 했다. 그 대신 조선의 외교문서는 수령하지 않고 답서도 발급하지 않으며, 그 이유를 기재한 서면을 동래부사에게 보내기로 했다. 쓰시마가 외교문서를 이런 식으로 처리한 것은 문위행 역관과 합의된 사안이었다. 이때 쓰시마는 당상관 최상집에게 보낸 편지에서 교간에 관한 입장을 다음과 같이 설명했다.

> 타국의 여성과 관계를 맺은 자를 처벌하는 것은 원래 일본의 법에는 없는 일이다. 그러나 쓰시마는 귀국(조선)과 가까운 경계에 있으면서 대대로 성신(誠信)으로 통교해 왔다. 귀국에서 대금(大禁)으로 정하고 있다는 사실을 잘 알고 있다. 일본의 법에 없기는 하지만 남녀 간의 교류를 마음 가는 대로 하도록 할 수는 없는 까닭에 전부터 엄하게 금하기는 했지만, 사죄(死罪)로 처벌하기는 어려웠다. 대체로 그 나라의 풍속, 시세에 따라 형벌에는 경중(輕重)·

> 대소(大小)가 있는 것이 천하고금의 도리이므로, 타국 사람까지 반드시 그 나라(조선)의 법대로 처리해야 한다는 도리도 있을 수 없다. (중략) 그러나 귀국과 쓰시마는 오랫동안 아랫사람들까지 왕래했으므로 귀국의 대금(大禁)을 범한 자를 그대로 둔다면 귀국의 법도도 서지 않을 것이고, 이전부터 귀국의 마음을 고려하여 엄하게 금해왔던 우리의 취지에도 어긋나므로 그대로 두는 것은 도리가 아니다. 따라서 그 교간한 자를 대면시켜 죄상이 명백해지면 영영유배(永永流罪)에 처하여 이를 이후의 정식 규정으로 삼을 것이다.
>
> —『裁判記錄 滝田權兵衛』 2

일본에서는 사쓰마번[薩摩藩]·마쓰마에번[松前藩] 사람이 각기 류큐[琉球]·에조치[蝦夷地, 지금의 홋카이도] 사람과 성관계를 갖는 것에 바쿠후가 금제를 두고 있지 않으며, 타국 여성과 성관계를 했다고 해서 처벌되는 일도 없다고 설명하고 있다. 쓰시마는 이러한 일본의 관습을 고려하려 하지 않은 채 여성을 처형하고 나아가 조선의 형벌 관습을 일본인에게도 강요하는 것이 부당함을 강조했다. 하지만 동시에 오랜 통교 상대인 조선의 법도도 존중해야 하는 입장이므로, 조선의 법도를 위반한 자를 엄중하게 처벌해 나아갈 방침도 표명했다. 쓰시마의 입장에서는 양국의 문화적인 관습이나 형량의 차이에서 비롯되는 분쟁에서 쌍방의 입장을 최대한 고려한 절충안이었다.

감옥은 조선으로 송환된 겐시치와 대면한 후 "사실, 이 사람을 모른다. 고문당하는 게 고통스러워서 이름을 댔을 뿐이다"라고 진술을 뒤집었다. 동래부사 권이진은 예조에서 보낸 외교문서를 수리조차 하지 않고 돌려보낸 쓰시마에 대해, 외교 의례의 기본을 무시한 무례한 처사라며 비난했다.

두 달이 지나도록 조사에 진전이 없자 1709년 가을 겐시치는 쓰시마로 돌려 보내졌고, 번청은 '죄상은 불분명하지만 두 나라 사이에 분쟁을 일으켰다'는 이유로 그를 유배했다. 이듬해 1710년, 조선에서는 감옥과 중개인이 처형되었다.

1711년 신묘약조(辛卯約條)

조선 정부의 불만은 해소되지 않았다. 1711년 통신사는 일본을 방문하는 길에 쓰시마번에 '교간의 동죄 처벌'을 약조로 체결할 것을 요구했다. 1711년의 통신사는 쇼군 이에노부[家宣]의 쇼군직 계승을 축하하는 사절이었다. 쓰시마 번주 소 요시미치[宗義方]는 이 요구에 전혀 응하려 하지 않았다. 통신사는 에도성 등성(登城) 거부 의사를 비쳤고, 쇼군과 대면하는 의례석상에서 쇼군에게 직접 탄원하겠다고 했다.

그러자 쓰시마는 "약조 조항에 강간(强奸), 화간(和奸) 차이를 두어서 죄를 정한다면 응할 수 있다"는 조건을 걸었고, 통신사가 이를 받아들였다. 다음은 통상 1711년 '신묘약조' 또는 '교간약조'라 불리는 항목이다.

〈신묘약조〉

一. 쓰시마 사람이 왜관을 빠져나와 강간할 경우 대명률(大明律)에 의거해 사형으로 논단한다.

一. 여성을 유인하여 화간(和奸)한 자 및 강간미수자(强奸未遂者)는 영원유배(永遠流配)에 처한다.

一. 왜관에 잠입한 여성을 (조선에) 통보하지 않고 교간한 자는 차율(次律, 유배)로써 벌한다.

종래에 조선 정부는 교간의 구체적인 상황에 관계없이 교간한 일본인에 대해 일률적으로 사형 적용을 주장해 왔다. 그러나 신묘약조에서는 교간 행위를 세 종류로 분류하여 형벌의 차별화를 꾀하였다. 적어도 문헌상에 남아 있는 교간 사례로 보면 조선인 중개자에 의해 여성이 왜관에 잠입하는 경우, 즉 세 번째 규정에 해당하는 사건이 압도적으로 많았다. 따라서 쓰시마의 입장에서는 이전부터 자신들이 주장해 왔던 '유배' 처벌이 약조에 반영된 것이라 하겠다.

신묘약조가 성립되기 전 교간을 행한 조선의 여성은 사형되었다. 하지만 약조 이후에 여성은 장(杖) 100대를 받은 뒤 유배되었다. 생명형 처벌에서 신체형 처벌로 바뀐 셈인데, 반면 중개인은 약조 이후에도 여전히 사형되었다. 그것은 1716년의 교간 사건에서 포박된 계월(季月)이 자신은 강간당했음을 강하게 주장한 결과, 사형을 면한 것이 전례가 된 듯하다. 어쨌거나 여성 본인의 의사에 따른 교간인지, 중개인에게 속아서 겪은 강제 교간인지, 정황에 상관없이 일률적으로 처형되던 여성은 계월 사건 이후 극형을 면하게 되었다.

조선의 『대전회통(大典會通)』권5, 형전(刑典), 금제(禁制)에도 '왜인의 뇌물을 받고 여자를 유인, 잠입하여 간음한 자-그 여인은 장(杖) 100 유배-는 왜관 앞에서 참한다'고 하여, 신묘약조 이후 새롭게 정해진 형벌규정이 명시되어 있다.

계해약조와 신묘약조는 왜관 업무가 시작된 이래 조선 정부가 계속해서 강구한 왜관 통제정책이 집약된 것이었다. 조선의 왜관 통제정책은 신묘약조를 마지막으로 일단락되어 18세기 이후에는 두 약조를 기조로 하는 통제가 이루어졌다.

한편, 1709년 무렵 동래부사 권이진은 역관 집무소 주변에 있던 약 80~90호의 민가를 동래부 방면으로 이주시켰다. 그리고는 역관 집무소와 마을 사이에 돌담을 세우고 문을 만들어 경비원을 두었다. 이 문을 설문(設門)이라고 하는데 이로써 숙배소와 역관 집무소는 왜관과 함께 돌담 안쪽에 위치하게 되었고, 재관자는 이 설문을 넘어가서는 안 되었다. 이 조치는 1708년에 일어난 교간 사건의 영향을 받은 것으로 보인다.

동래부 소속 화원인 변박(卞璞)이 그린 〈왜관도(倭館圖)〉를 보면, 오른쪽 위 '왜관도'라는 글자 밑에 '설문', 그 왼쪽 아래 동그라미 표시한 곳에 '초량객사(草梁客舍)'라는 글자가 보인다. 객사가 숙배소이니 그림에서 왜관 안팎의 건물 배치를 확인할 수 있다. 설문은 지금의 부산광역시 동구 초량동 차이나타운 상해문 부근이다.

변박(卞璞)의 〈왜관도(倭館圖)〉(1783년, 한국중앙국립박물관 소장)

왜관의 주요 행사에 벽서 낭독이라는 게 있다. 관수가 '벽서(壁書, 가베가키)'를 재관자들 앞에서 낭독하는 의식이다. 벽서란 왜관에 체류하는 사람들의 행동을 통제하기 위해 쓰시마번이 만든 규정으로, 재관자가 준수해야 할 일종의 관 내 규약이다.

재관자가 해서는 안 되는 금지행위들을 의미하는데, 도박·음주와 같은 추태, 언쟁과 다툼, 조선인과의 사사로운 서신교환, 일본 내정 유출, 일본제 무기판매 등 총 26개 조항으로 이루어졌다. 요컨대 벽서는 왜관에 머무는 사람들이 준수해야 할 업무지침이자 행동지침이었다.

왜관 벽서는 1671년 제15대 관수 도보 추자에몬[唐坊忠左衛門] 때부터 시작되어, 관수가 교체될 때마다 신임 관수에게 전달되었다. 옛날에는 법령을 직접 벽에 쓰거나 나무판에 써서 벽에 게시했기 때문에 벽서라고 불렸는데, 왜관의 벽서는 종이에 기록되었다. 관수는 낭독이 있을 것이라는 사실을 모든 재관자에게 미리 알려서 특정 시각에 관수옥으로 모이도록 했다. 낭독하는 관수나 듣는 재관자 모두 의복을 갖추고 참석한 것으로 보아, 벽서 낭독이 왜관에서는 진지한 분위기에서 행해지는 중요한 의식이었던 것 같다.

17세기 말에는 벽서만 낭독했으나 18세기가 되자 관수는

벽서 이외에 '인교문서(隣交書付)', '교간문서(交奸の書付)'까지, 총 세 개의 문서를 낭독했다. 그것은 1711년 신묘약조가 체결된 이후 재판자들에게 '교간 금지를 환기하는 것'도 관수의 임무가 되었기 때문이다.

한편 1707년부터 1869년까지 발생한 쓰시마번의 형사 처벌 판례를 담은 『벌책(罰責)』이라는 사료에는 왜관에서 교간으로 처벌된 사례가 세 건이 기록되어 있다. 세 건은 앞에서 소개한 감옥 사건과 1738년·1787년의 처벌 사례이다. 필자가 조사한 것만 해도 1661년부터 1859년까지 약 11건의 교간이 확인되는데, 쓰시마번이 160년간 기록해 놓은 교간 판례는 겨우 세 건에 불과하다. 쓰시마는 신묘약조를 의식하기는 했지만 교간을 적극적으로 적발하지 않았고, 개별 판결들을 판례로 정리해서 후세에 남기는 일에도 그다지 열성적이지 않았던 것 같다.

조선에 정착한 일본인

에도 바쿠후 지시로 유학자 하야시 후쿠사이[林復齋] 등이 1853년 무렵 편찬한 대외관계 사료집 『통항일람(通航一覽)』에는 1566년부터 1825년까지 일본이 주변국과 맺은 통교 관계가 나라별·연대순으로 배열되어 있다. 에도시대의 외교사·조일통교사 연구에 빼놓을 수 없는 기초 사료이다. 물론 역대 조선통신사가 일본을 방문한 실정도 상세하게 알 수 있다. 이 『통항일람』에는 통신사와 관련된 흥미로운 일화가 등장한다. 1748년의 통신사를 기록한 『통항일람』 권62(朝鮮國部 38)에 수록된 일화를 해설을 넣어서 정리하면 다음과 같다.

> 1748년 4월, 일본을 방문한 조선통신사 일행 중 한 명이 말을 타고 통사(通事) 한 명과 관리를 대동하고는 오사카 규타로마치[久太郎町]에서 향(香) 가게를 경영하는 시로헤이[四郞兵衛]를 방문했다. 원래 통신사 일행으로 온 조선인들은 일본에서 정해진 육로를 따라 이동하며 그 도정에서 일본 측이 마련한 숙소에 머무는 것이 통례인데, 그들은 (허가를 받고) 지정된 숙소를 벗어나 오사카에 거주하는 상인 시로헤이의 거처를 수소문해가며 찾아온 것이다. 이런 일이 흔하지 않다 보니, 뜻하지 않은 조선인의 출현에 호기심이 발동한 마을 사람들이 삼삼오오 시로헤이의 집에 모여들어 조선인과 시로헤이의 만남을 구경하는 상황이 되었다.

이윽고 시로헤이와 대면하게 된 조선인이 일본어로 말하기를, "사실 나는 기이번(紀伊藩, 지금의 와카야마현) 아리타군[有田郡] 출신으로, 예전에 당신 부친(父親) 대에 이 가게에 고용되어 일한 적이 있습니다. 그러다 돈 4관문(貫文)을 훔쳐 달아나 교토[京都]로 갔지만 이렇다 할 성과를 거두지 못하고 다시 나가사키[長崎]로 갔습니다. 그곳에서 '쓰시마로 가면 윤택한 생활을 할 수 있다'는 사람들의 말을 듣고 쓰시마로 건너가 6년을 살았습니다. 그러는 동안 제법 형편이 좋아져서 조선으로 갈 수 있는 도항허가증을 받아 조선으로 건너갔고, 여러 가지 일을 겪은 후 조선인의 사위가 되었습니다. 내 장인은 조선 하급관리의 후손으로, 그 연줄로 이번에 일본으로 건너오는 통신사 일행으로 참가하게 되었습니다. 이번 기회를 빌려 어떻게든 예전에 일하던 주인댁에 들러 그간의 경위를 설명하고, 제 고향 기이(紀伊)의 소식과 풍문도 듣고 싶어서 이렇게 방문하게 됐습니다. 나는 조선에서 집 한 채를 소유하며 그런대로 윤택하게 살고 있습니다"라며, 조선에서 가져온 인삼 세 뿌리와 작은 접시 열 개를 품에서 꺼내 선물했다.

시로헤이가 조선인에게 돈을 건네자 그는 "조사가 엄

> 격하여 일본인에게서 많은 돈을 받아서는 안 되니 이 중 100문(文)만 받겠습니다. 조선에 돌아가면 일본에는 금은(金銀)이 많이 난다는 얘기를 아내에게 전하겠습니다"라고 하며 자리를 떠났다. 이 사실은 사카이부교[堺奉行] 이와미아와노카미[稻生安房守]에 의해 바쿠후에 보고되었다.

이것은 1748년에 통신사가 오사카를 방문했을 때의 일화로, 바쿠후의 관리가 상부에 보고한 내용이다. 쓰시마를 거쳐 조선에 건너가 정착한 기이[紀伊] 출신의 어느 '일본인'이 통신사 일행이 되어 다시 일본 땅을 밟게 되었는데, 오사카에 들른 차에 예전에 일하던 가게를 찾아가 자신의 과오와 근황을 전하고 돌아갔다는 이야기이다.

그는 동행한 사신단 동료들이 지켜보는 가운데 '조사가 엄격하다'면서 시로헤이가 건넨 금전 중 100문만 받았다. 그것은 통신사의 사행원이 현지 일본인과 개인적으로 물품을 매매하는 행위가 금지되어 있었기 때문이다. 그가 시로헤이에게 건넨 조선 인삼 세 뿌리와 접시 열 개는 아마 과거 자신이 저지른 과오에 대한 보상이었을 것이다.

에도시대의 조일관계를 연구하는 연구자에게 이 일화는

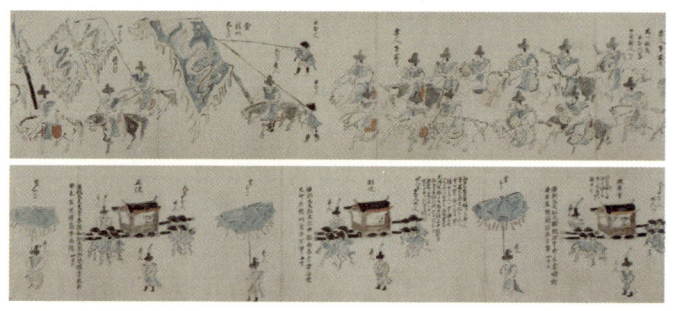

1748년 통신사 행렬도. 〈연향오년조선통신사등성행렬도(延享五年朝鮮通信使登城行列圖)〉
[시모노세키시립 초후박물관(下關市立長府博物館) 소장]

'충격'이라 해도 과언이 아니다. 왜냐면 18세기 전반에 쓰시마를 거쳐 조선에 건너간 일본인이 조선 여성과 결혼하고 조선에 정착하여 살았던 예가 존재했기 때문이다. 게다가 그는 장인이 하급관리의 후손이라는 연줄로 조선 정부의 외교 사절인 통신사의 사행단원이 되기도 했다.

표면적인 이야기는 21세기에 한국과 일본을 오가며 살다가 한국인과 결혼하고 한국에 정착한 어느 일본 남성의 인생역정이라고 해도 위화감이 느껴지지 않을 정도로 '현대적'이다. 하지만 이것은 합법적인 절차를 거치면 다른 나라로 이주하는 것이 가능하고, 국제결혼이 일상화된 현대를 살아가는 시민 '아무개'의 일화가 아니다. 18세기라는 쇄국의 시대를 살던 사람들의 이야기이기 때문에 충격적이다.

더구나 왜관의 일본 남성과 성관계를 가진 조선 여성이 처형되던 시대였다는 사실을 떠올리면 깊은 혼란에 빠져든다. 교간의 대부분이 사실상 성매매였으니, 그럼 교간은 절대 안 되지만 혼인은 허용됐다는 의미인가? 영조시대의 조선에서 이런 일이 가능했단 말인가? 가능했다는 것은 곧 '함께 하늘을 받들며 살 수 없는, 불구대천지왜인(不俱戴天之倭人)'을 사위로 맞아들일 정도로 18세기에 왜인에 대한 조선인의 인식이 어느덧 관대해졌으며, 당시의 조선 사회는 오늘날에 못지않을 정도로 외국인에게 열린 사회였다는 의미일까?

『통항일람』에 이름이 기록되지 않은 문제의 '그'는 자신의 경제적인 처지를 향상하기 위해 기이→오사카→교토→나가사키→쓰시마로 계속해서 거처를 옮겼다. 여기까지는 일본 국내에서의 이동이지만, 문제는 쓰시마에서 조선으로 도항한 이후이다. 『통항일람』에는 조선으로 건너간 이후 그가 겪은 일이 전혀 기록되어 있지 않지만, 조선에 도항한다는 것은 곧 부산의 초량왜관에 건너갔음을 의미한다.

하지만 초량왜관이 어떤 곳이던가? 도항해 오는 일본인이 함부로 왜관 주변의 마을을 배회하지 못하게 했고, 조선 정부가 마련한 일본인의 행동 범위를 준수하지 않은 자는 왜관 근처에서 사형에 처한다는 무시무시한 내용의 계해약조가 제정되었을 정도였다. 초량왜관은 17세기 말 이후 그러한 상황에 놓여 있었다.

그로부터 반세기 정도 세월이 흐른 시점에 초량왜관에 건너왔을 '그'는 조선 여성과 결혼해 조선에 정착했다. 안타깝게도 『통항일람』에 기록된 내용은 이것이 전부이고, '그'에 관한 다른 문헌 기록을 발견하지는 못한 상태다. 따라서 '그'가 왜관에 왔다가 어떤 경위로 결혼하고 정착했는지, 조선의 어느 지역에서 어떠한 사회적 신분으로 살았는지, 조선 정부와 쓰시마번은 그의 존재를 어떻게 파악하고 있었는지 등등 여러 가지 의문들을 해소할 길이 없다. 통신사의 일원으로 선발된 것을 보면 적어도 그 시기에 '그'가 조선 정부가 인정하는 신분을 확보하고 있었으리라는 막연한 추정을 해볼 뿐이다.

현 단계에서 '그'의 사례는 이례 중의 이례라고 보는 편이 자연스럽다. 따라서 이 일화를 근거로 하여 당시 조선 사회에 관해 섣부른 판단을 내릴 수는 없다. 그러나 왜관 통제와 고립화를 지향하는 정책들이 존재하던 시대에, '그'와 같은 존재가 있었다는 것은 어쩌면 조선 후기의 기층사회가 '이국인(異國人)'에 대해서 우리가 상상하는 이상의 포용력과 유연성을 갖고 있었다는 의미인지도 모른다.

왜관의 수리와 재건

倭館

왜 관 의 수 리 와 재 건

초량왜관이 존속했던 거의 200년 동안 수백 명의 일본인이 체재했던 만큼 건물의 자연 손상은 물론 화재 등으로 인한 소실도 발생했다. 조선 후기 조선에 유일한 '일본인의 공간'이었던 왜관, 이곳을 구성하던 건축물들은 어떻게 관리되었을까? 두모포왜관과 초량왜관 각각의 관리 실태를 살펴보자. 초량왜관의 경우 건설 과정과 비용 조달에 관해서는 이미 1장에서 다루었으니 이 장에서는 보수를 중점적으로 소개한다.

초량왜관의 개축과 보수

두모포왜관을 수리한 구체적인 내용은 동관·서관 보수 작업(1646~1648년)을 통해 알 수 있다.

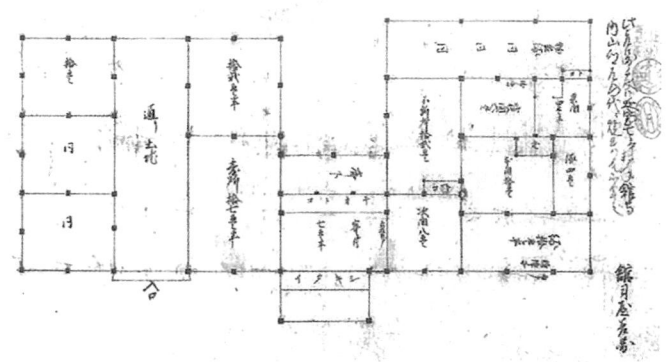

관수옥 내부의 공간배치도(1679년, 국사편찬위원회 소장)

1644년 쓰시마가 제기한 보수의 필요성을 조선정부가 받아들이면서 수리가 이루어졌다. 이때 쓰시마는 왜관보청봉행(倭館普請奉行)을 위시하여 총 70여 명의 관계자를 파견했다. 왜관보청봉행이란 토목공사의 지휘관이며, 그가 데려온 사람들은 목수와 인부 등으로 구성된 토목기술자 집단이었다. 쓰시마가 수십 명의 토목기술자를 왜관에 파견한 것은 이것이 처음이었다. 비변사(備邊司)는 쓰시마의 수리 인력에게 소정의 수공은(手功銀 : 급료)과 쌀을 지급했고, 실제 작업에 조선의 인력도 동원되었다.

이처럼 왜관을 개축하거나 수리할 때 쓰시마의 기술자 집단이 참여하고, 조선 정부가 그들에게 임금과 쌀을 지급하며 건축자재도 조달하는 등 모든 비용을 부담하는 관례가 이때부터 시작되었다. 이것이 두모포왜관에서 실시된 유일한 전체 수리였다.

1678년 초량왜관이 완성된 이후에는 보다 체계적인 형태로 보수작업이 이루어졌다. 온습한 해변에 있던 초량왜관은 연중 해풍에 노출되어 건물의 자연적인 손상이 비교적 빨리 진행되는 편이었다. 18세기에 들어서면서 왜관에서는 이를 해결하기 위해 정기적으로 수리하고 개축하는 것이 관례가 되었다.

초량왜관에서는 동관삼대청과 서관삼대청 전체를 보수하는 대감동(大監董)이 25년마다 실시되었다. 그리고 화재로 소실된 가옥을 재건축하거나 특정한 가옥에 한정하여 보수하는 이른바 소감동(小監董)도 실시되었다. 대감동과 소감동은 조선의 호칭이었다. 조선 정부는 대감동에 당상역관(堂上譯官) 세 명과 당하역관 세 명을, 소감동에는 당상역관 한 명과 당하역관 한 명을 파견하여 공사를 통괄하고 감독했다.

대감동과 소감동의 공사비용은 조선 정부가 부담했다. 왜관 감동이 결정되면 쓰시마에서는 수십 명의 인력(왜관보청봉행, 토목기술자, 인부)이 왜관으로 건너왔고, 조선 정부는 그들에게 임금과 쌀의 명목으로 역가(役價)를 주었다. 이것은 두모포왜관 보수작업과 초량왜관 건설 때에도 채용되었던 방식으로, 초량왜관의 개수는 17세기의 방식이 그대로 반복되었다.

1장 마지막 부분에서 언급했듯이 초량왜관의 건물은 처음 조영되는 단계에서 서관삼대청과 동관삼대청이 조선 정부의 비용으로 만들어졌고, 동관에서 삼대청을 제외한 나머지 가옥은 쓰시마의 비용으로 만들어졌다. 이후 대감동과 소감동의 대상이 된 것은 동관삼대청과 서관삼대청이므로, 결국 처음 건설하는 단계에서 비용을 부담한 측이 후일 보수나 재건에 소요되는 비용도 부담하게 되었다. 이러한 방식은 대체로 19세기 초까지 계속되었다

그러면 쓰시마가 스스로 비용을 부담하여 만든 가옥에는 무엇이 있었을까?

조선의 문헌인 『증정교린지』에 따르면 서승왜가[書僧倭家, 동향사(東向寺)], 통사왜가(通事倭家), 대관왜가(代官倭家), 금도왜가(禁徒倭家), 선격왜주인가(船格倭主人家), 소주가(燒酒家), 병가(餠家), 무역가(貿易家), 신당(神堂) 등으로, 이 가옥들은 위치상 모두 동관 쪽에 자리 잡고 있었다.

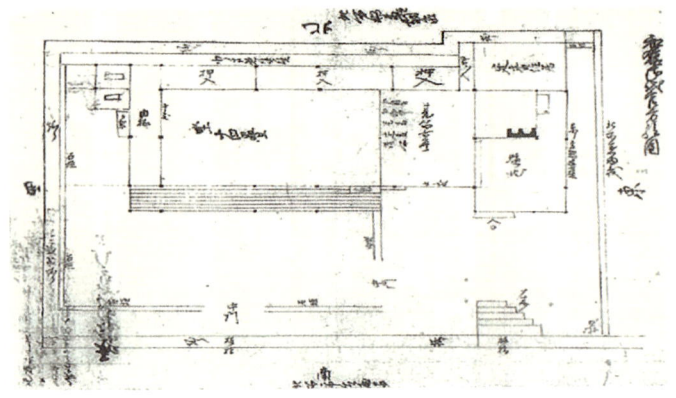

대관옥 내부 공간배치도(연대 미상, 국사편찬위원회 소장)
남쪽으로 툇마루가 있고, 다타미 14개 넓이의 방 뒤쪽으로 다락 4개가 나란히 배치되어 있다.

동향사는 임제종(臨濟宗) 사원으로, 이름의 유래는 '동쪽에 면한 바다 가까운 곳에 있어서' 혹은 '동쪽의 쓰시마를 향해서'라는 의미라고 한다. 동향사의 승려는 법요(法要)나 불사(佛事)를 행하고, 조선 정부가 쓰시마에게 발급하는 외교문서를 점검하는 일을 담당했다. 조선 문헌에 동향사의 승려가 서승왜(書僧倭)라고 기록된 것은 그 때문이다. 동향사가 왜관에 세워진 정확한 시기는 알 수 없지만 1629년에 동향사를 언급하는 사료가 있는 것으로 보아 세워진 시기는 이 시기까지 거슬러 올라간다.

통사왜는 쓰시마의 조선어 통사(通詞), 대관왜는 주로 무역 업무를 담당하던 사람, 금도왜는 감찰을 담당하던 무사로 이들이 각각 기거하던 건물이다. 그 외에 술집, 떡집, 상인의 처소, 신사 등이 있었다.

조선이 왜학 역관을 선발하여 대일 통교에 투입했듯이 쓰시마도 조선어를 구사할 수 있는 조선어 통사를 육성했다. 조선과의 교역에 종사했던 쓰시마에는 조선어를 이해하고 구사하는 사람이 많았다. 조선 전기부터 쓰시마의 특권 상인으로 활약한 로쿠주쇼닌[六十商人] 집안 출신들이 임진왜란 때에는 '종군통사'로, 조선 후기에는 '조선통신사 수행통사'로 투입되곤 했다.

그러다가 1682년의 통신사 후 로쿠주쇼닌 중에서 조선어에 능숙한 사람들 열 명(十人代官)을 차출하여 개시무역을 관리하게 하면서 통사를 보충하여 임명했다. 쓰시마가 통사를 임명하기 시작한 정확한 시기는 알 수 없지만 1693년에 두 명의 조선어 통사가 왜관에 상주했다. 1717년 전후로 인원이 늘어났고, 직급도 대통사(大通詞)·계고통사(稽古通詞)·오인통사(五人通詞) 등으로 세분화되었다.

위 건물들은 재관자의 일상생활인 의식주와 관련되거나 쓰시마가 파견한 관리의 거처였다. 이 건물들은 조선의 관리

대상이 아니므로 쓰시마가 자체적으로 관리했다. 동관에 '목수왜가(木手倭家)'가 있었던 것으로 보아 쓰시마의 목수가 왜관에 상주하면서 주거생활의 불편함을 스스로 해결했을 것으로 추정된다. 왜관에 유독 화재가 빈발했던 1671년에서 1674년 사이에는 임시 가옥을 짓기 위해 쓰시마의 기술자와 인부가 소규모로 파견되어 오기도 했다.

왜관의 관리 규정을 명시한 조선의 「왜관간검절목(倭館看檢節目)」(1701년)에 따르면 '훈도(訓導)·별차(別差)·감관색리(監官色吏)가 매월 관사의 상태를 점검하여 동래부·부산진을 거쳐 경상감영(慶尙監營)에 훼손 상태를 보고서로 제출한다. 풍우에 의한 자연 손상이 발견되면, 즉각 수리에 임하고 관수에게도 개비를 독촉한다'고 되어 있다.

하지만 실제로 대감동·소감동과 같은 규모가 큰 작업은 대개 쓰시마가 먼저 요청하고 조선 정부가 수락하는 형식으로 시행여부가 결정되었다. 1729년에는 「왜관간검절목」이 제대로 이행되지 않는다는 이유로 동래부사 민응수가 「동서관수보절목(東西館修補節目)」을 새로이 마련하기도 했다.

대감동은 어떻게 진행되었나?

18세기 왜관 수리의 전형이라 할 수 있는 대감동(1723~1727)을 예로 들어 보수 과정을 좀 더 자세히 들여다보자.

대감동은 먼저 서관삼대청오행랑 941간(間)을 수리하는 것부터 시작되었다. 관례대로 쓰시마는 작업인력을 왜관에 파견했는데, 그들은 보청봉행 두 명, 수대(手代) 두 명, 장돌(杖突, 토지측량원) 두 명, 서수(書手) 한 명, 대공소두(大工小頭, 목수대장) 한 명, 대공(大工, 목수) 열네 명, 목만(木挽, 목재 켜는 사람) 여섯 명, 좌관(左官, 미장이) 한 명, 도구 담당 한 명, 심부름꾼 두 명 등 총 40여 명이었다. 판(板), 재목, 철, 기와, 땔감 등 거의 모든 건축자재와 도구를 조선이 제공했다.

이들에 대한 임금 지급은 공사 중에 특정 물품을 쓰시마에 여러 번 납품하는 방식으로 이루어졌다. 당초 조선의 감동 역관은 은(銀)·쌀·면으로 임금을 지급하려 했으나 세 품목이 원활하게 조달되지 않자 여기에 직물을 추가했다. 감동 역관이 직물·은·쌀·면을 왜관의 무역담당자에게 건네주면, 쓰시마에서 온 개수관계자들은 무역담당자로부터 임금을 받는 방식이었다.

공사 관리와 감독, 물자 조달, 쓰시마 인력에 대한 임금 지급 등을 제일선에서 주관해야 하는 감동 역관에게 왜관 공사는 결코 쉬운 업무가 아니었다. 공사비용을 조달하는 일이 가장 난제였다. 실제로 왜관의 보수가 원인이 되어 처벌받는 역관이 적지 않았는데, 대개 비용을 과다지출한 이유로 처벌받았다.

임금 결제는 쓰시마가 작성한 임금의 총액에서, 조선의 역관이 건네주는 결제 물품의 가격(銀價)을 공제해 가는 방식으로 이루었다. 따라서 역관이 준비한 결제 물품의 가격을 얼마로 책정하느냐가 역관과 쓰시마 쌍방에게 매우 중요했다. 18세기 전반에 조선은 주로 현물(직물, 쌀)과 은(銀)을 결제수단으로 사용했으나, 18세기 후반부터는 은이 사라지고 대전(大錢)과 현물(면직물, 쌀)로 하는 결제가 일반적이 되었다.

뒤이어 1727년에 동관삼대청 204간(間) 보수작업이 시행되었다. 쓰시마의 동관 보수 인력은 서관 보수 때보다 약간 작은 규모로 구성되었고, 급여는 서관 때와 같았다. 조선에서도 10~30명 정도의 인부가 거의 매일 작업에 가담했으며, 그들에게도 임금과 쌀이 지급되었다. 이후 왜관의 보수와 개축은 1723년 대감동과 거의 같은 형태로 19세기 초까지 계속되었다.

1809년 기사약조(己巳約條)

왜관 보수는 1809년에 체결된 기사약조(己巳約條)를 계기로 크게 변화했다. 기사약조는 통신사의 역지통신(易地通信)을 목전에 두고 사전교섭을 위해 쓰시마에 건너간 문위행이 쓰시마번 당국과 교섭하여 체결한 것이다.

1809년, 문위행이 출발하기 전 조선 조정에서는 "일본이 요구하는 역지통신에 응하는 대신, 그간 양국 통교에 누적되어 있던 폐해의 개선을 쓰시마에 요구하자"는 의견이 상주되었다. 역지통신을 일본은 역지빙례(易地聘禮)라고 하는데, 통신사가 에도가 아닌 쓰시마에서 양국의 국서(國書)를 교환하는 의례를 치르고 그대로 귀국하는 사행이다. 조선 정부는 일본 측의 요구에 동의하는 대신 요구사항을 내걸기로 했다.

조선의 요구사항이란 통교 업무의 일부 내용을 변경하는 것이었는데, 궁극적으로 기본 방향은 대일 통교로 인한 조선 정부의 재정 부담을 축소하는 것이었다. 학계 일각에서는 조선 정부가 역지통신이라는 미증유의 외교적 변혁을 수락한 이유는 종래와 같은 형태의 통신사를 파견할 수 없을 정도로 재정상태가 악화되었 때문이라고 지적한다. 조선은 통신사뿐 아니라 쓰시마와의 통교 무역에서도 지출을 절감하는 방향으로 기존의 체제를 수정할 필요성에 직면해 있었다.

이에 좌의정 김재찬이 피력한 '대일 통교의 폐해'는 7개 조항으로 요약·정리되어 1809년 쓰시마에게 전달되었다. 7개 조항이란 '중절선(中絶船) 무역 폐지, 고환차왜(告還差倭)의 파견 제한, 공작미(公作米) 환산율 변경(공작미 수량 축소), 왜관 감동(監董) 연한(年限)의 연장, 왜관 감동의 역가 지급 변경, 왜관에 원문(垣門) 증설, 조선에 표착한 쓰시마 선박에 대한 지급 기준' 등이었다. 쓰시마번이 이 7개조에 동의하여 기사약조가 체결되었고, 통신사의 역지통신이 끝난 후부터 기사약조를 시행하기로 했다.

기사약조에는 왜관 개수와 관련된 조항이 세 항목이나 있다. 당초 조선에서는 왜관 개수 비용을 대폭 절감하는 방법으로 향후 대감동·소감동을 불문하고 개수에 조선의 인력만 쓰자는 의견이 제기되었다. 그러나 어떤 이유인지 문위행이 쓰시마 번청에 제시한 약조문에 이 항목은 처음부터 포함되지 않았다.

기사약조를 계기로 왜관 개수는 어떻게 변화했을까?

첫째 종전에 25년이던 대감동 연한이 40년으로 연장되었고, 둘째 조선과 쓰시마가 일정액의 경비와 공사 기간을 미리 정해 놓고 거기에 맞춰 쓰시마가 전체 공정을 도맡는 방식으로 바뀌었다. 과거 17~18세기에는 사전에 공사 기간을 정하지 않은 채 작업을 진행하고, 공사가 끝난 후에 임금 총액을 쓰시마에 지급하거나 공사 도중 몇 번에 나누어 지급하는 방식이었다.

18세기에 조선이 쓰시마의 인력에게 지급하는 임금과 쌀의 단가는 거의 고정되어 있었다. 따라서 공사 기간을 미리 정해두면 조선은 지불해야 하는 임금 총액을 어느 정도 예상할 수 있어서 각종 비용을 확보하는 것이 전보다 다소 수월했을 것이다. 또, 공사 기간 지연에 따른 비용의 증가를 방지하는 이점도 있었다.

19세기 왜관 보수에서 드러나는 특징은 대감동보다는 소감동이 중점적으로 행해졌고, 대감동의 규모도 전 시대에 비해 현저하게 축소되어 동관과 서관 전체를 대대적으로 보수하는 일이 사라졌다는 점이다. 또, 쓰시마에서 수십 명의 인력이 왜관으로 오던 관례는 1826년 서관중대청 개건을 마지막으로 폐지되었다. 『증정교린지증보(增正交隣志增補)』에는 1831년 서관서행랑 보수 때부터 조선의 인력만으로 작업이 행해졌다고 기록되어 있다.

기사약조에 의한 새로운 개수 형태, 즉 공사 기간과 임금을 사전에 확정한 후에 쓰시마가 전체 공정을 인수하는 방식은 1815년과 1826년에만 실행되었다. 이후 쓰시마는 개수 작업을 조선에 전적으로 일임하고, 관계자를 세 명만 파견했다. 그 세 명도 토목 기술 인력이 아니라 작업 참관과 확인이 목적이었다. 따라서 1830년대부터 왜관 개수는 전적으로 조선의 인력으로 이루어졌고, 이 같은 형태가 초량왜관의 종언 때까지 이어진 것으로 보인다.

기사약조 이후 왜관 보수가 이토록 급변한 이유는 무엇일까?

관련 사료의 부족으로 인해 명확한 원인을 찾아내기는 어렵지만, 19세기에 심화된 재정 악화로 인해 조선은 많은 지출을 요하는 종래의 방식을 고수하기가 어려워졌을 것으로 추정된다. 결과론적인 추론이지만 1830년 이후 쓰시마의 기술자들이 작업에 참여하지 않게 되면서 조선은 더는 그들에게 역가를 지급하지 않아도 됐고, 공사 기간도 전보다 현저하게 단축되었다.

쓰시마의 입장으로 보면 번 내에서 왜관 개수가 차지하는 경제적인 의의 내지는 왜관 관리에 대한 관심의 저하 등을 추정해 볼 수 있다. 파견 인력의 규모가 수십 명에서 세 명으로 축소된 원인이나, 19세기 중엽 이후 왜관 보수의 실태에 관해서는 향후 실증적인 검토가 필요하다.

마지막으로 왜관 개수에 관한 세 번째 조항은 '왜관 서쪽(서관 후방으로 추정됨)에 담을 쌓아서 문을 새로 설치한다'는 것이다. 1709년, 동래부사 권이진이 숙배소와 초량 마을을 분리하기 위해 돌담을 쌓고 설문을 설치했듯이, 이번에는 왜관 서쪽 바깥쪽에 담과 문을 추가로 설치한다는 것이다.

쓰시마는 이러한 담장의 증설에 부정적인 입장이었다. 재관자의 통행범위에 제한이 추가되는 것이 달갑지 않았기 때문이다. 하지만 『관수일기(館守日記)』를 비롯한 쓰시마의 사료에 기사약조 이후 몇 년 동안 왜관에 담장이나 문이 증설되었다는 기사는 나오지 않는다. 담과 문이 증설되었는지 여부는 명확하지 않다.

맺음말

 1990년대에 일본에서 대학원을 다니다 방학을 이용해 잠시 한국에 돌아와 있던 어느 해, 무작정 부산에 내려가 용두산공원과 남포동 일대를 찾아간 적이 있었다. 왜관이 있던 자리를 둘러보기 위해서였다. 서울에서 태어나고 자라 부산과 인연이 없던 터라 아마 그게 두 번째 부산 방문이었던 것 같다. 사실은 왜관 유적지에 가 본 적이 없는 상태에서 왜관을 소재로 석사논문을 썼던 나는 연구자로서 당연히 해야 하는 작업을 건너뛰었다는 자격지심을 남몰래 갖고 있었다.

 도착해 보니 왜관의 흔적이라고는 용두산 그 자체가 유일했다. 남아 있는 유적·유물이 거의 없다는 사실을 알고는 있었지만 막상 직접 확인하고 나니 허탈했다. 다만 두모포왜관과 초량왜관이 있던 자리에 좌천동·대청동처럼 왜관 건물 명칭에 유래하는 지명이나 사료에 나오는 옛 지명이 그대로 남아 있는 것은 확인할 수 있었다. 그 지명들이 조선시대에 왜관이 그 자리에 있었음을 말해 주는 것 같았다.

그 후에도 일본과 한국의 연구자들과 함께 좀 더 본격적인 왜관 유적지 답사를 두세 번 더 했다. 1990년대 후반만 해도 용두산 정상 부분, 그러니까 초량왜관의 관수옥(館守屋)이 있었으리라 짐작되는 곳에 한식집이 있었다. 동행했던 게이오대학의 다시로 가즈이[田代和生] 선생님과 그곳에서 점심 식사를 했던 기억이 새롭다. 용두산공원이 아직 정비되기 전이라 그랬는지 산 중턱 곳곳에 정체를 알 수 없는 한문 비석이 버려지듯 방치되어 있었다. 그 한식집은 이제 사라지고 없다. 하긴 20년도 더 된 옛일이니 무리도 아니다.

현재 용두산에는 당시에 없었던 부산타워와 이순신 장군상이 들어섰고, 광복동에서 용두산공원으로 올라가는 진입로에는 에스컬레이터가 설치되어 있다. 부산타워와 용두산공원은 지극히 현대적인 모습으로 깔끔하게 정돈되어 이젠 부산의 대표적인 랜드마크가 되었다.

옛일이 된 건 답사의 추억만이 아니었다. 이 책에서 소개한 사례 상당 부분은 2011년에 출간된 『近世日朝通交と倭館』(岩田書院)에 수록된 것을 대폭 수정한 것인데, 내용을 다시 확인하려고 예전 글을 펼쳐 보니 서술이나 의미 부여가 도식적이라는 느낌을 지울 수 없었다. 세월이 흐르면 시각도 바뀌나 보다.

이 책의 취지는 '입문서'적인 성격으로 왜관에서 펼쳐진 조일 통교의 실상을 상세하게 풀어내는 것이다. 취지를 살리고자 전문용어는 최대한 알기 쉽게 풀어서 서술했고, 그간 새롭게 발표한 연구 성과도 반영했다. 이 주제로 입문서를 집필할 계획을 세운 것이 벌써 2~3년 전이다. 이런저런 이유로 미루며 시작조차 못하다가, 올해 1월 초 갑자기 작업에 돌입하게 되었다.

와세다대학 방문학자로 일본에서 생활하게 된 나는 1월 초 일본 후쿠오카[福岡]로 출국했다. 코로나 시국이다 보니 후쿠오카에서 속절없이 '2주간의 격리' 생활을 해야 했다. 짐이라고는 옷가지와 노트북이 전부인 호텔 방에서 2주를 그나마 덜 답답하게 보낼 수 있는 방법이 무얼까 궁리하다가 생각난 게 바로 이 책이었다. 2주간의 격리 생활이 게으른 내 등을 떠밀어 준 셈이다.

코로나 시국도 어느덧 만 2년이 다 되어 간다. 하루빨리 상황이 호전되어 아무쪼록 다시 마음 놓고 생활할 수 있는 환경이 오기를 기원해 본다.

참고문헌

〈저서〉

- 정성일, 2000, 『朝鮮後期対日貿易』, 新書苑.
- 다시로 가즈이 지음·정성일 옮김, 2005, 『왜관-조선은 왜 일본 사람들을 가두었을까』, 논형.
- 今村鞆, 1934, 『人参史』, 朝鮮総督府専売局.
- 田代和生, 1983, 『書き替えられた国書』, 中央公論社.
- _____, 1998, 『近世日朝通交貿易史の研究』, 創文社.
- _____, 2002, 『倭館-鎖國時代の日本人町』, 文藝春秋.
- _____, 2007, 『日朝交易と対馬藩』, 創文社.
- _____, 2011, 『新倭館-鎖國時代の日本人町』, ゆまに書房.
- _____, 1999, 『江戸時代朝鮮薬材調査の研究』, 慶應義塾大学出版会.
- 田中健夫·田代和生校訂, 1978, 『朝鮮通交大紀』, 名著出版.
- 泉澄一編, 1981, 『宗氏実録(一)-対馬藩史料-』, 清文堂.
- 三宅英利, 1986, 『近世日関関係史の研究』, 文献出版.
- 岩生成一, 1987, 『続南洋日本町の研究』, 岩波書店.
- 荒野泰典, 1988, 『近世日本と東アジア』, 東京大學出版會.
- 村井章介, 1993, 『中世倭人伝』, 岩波新書 274.
- 仲尾宏, 1997, 『朝鮮通信使と徳川幕府』, 明石書店.
- 尹裕淑, 2001, 『近世日朝通交と倭館』, 岩田書院.
- 鶴田啓, 2006, 『対馬からみた日朝関係』, 山川出版社.
- 酒井雅代, 2021, 『近世日朝関係と対馬藩』, 吉川弘文館.

〈논문〉

- 김동철, 1993, 「17·18世紀 対日 公貿易에서의 公作米 문제」, 『항도부산』 10.
- _____, 1993, 「19세기 牛皮貿易과 東莱商人」, 『한국문화연구』 6.
- _____, 1995, 「17세기 일본과의 교역·교역품에 관한 연구-밀무역을 중심으로-」, 『국사관논총』 61.
- _____, 1999, 「朝鮮 後期 倭館開市貿易과 被執蔘」, 『한국민족문화』 13.
- 김문식, 1995, 「18세기 전반 權以鎭의 對外認識」, 『도산학보』 4.
- 김재승, 2000, 「絶影島倭館의 존속기간과 그 위치」, 『동서사학』 6·7합집.
- 윤유숙, 2006, 「재건과 수리가 끊이지 않았던 부산의 왜관」, 『한일관계 2천년 보이는 역사, 보이지 않는 역사(근세)』, 경인문화사.
- _____, 2008, 「17세기 朝日間 日本製 武器類의 교역과 밀매」, 『사총』 67집.
- _____, 2010, 「근세 朝日통교와 非定例差倭의 조선도해」, 『사총』 70집.
- _____, 2011, 「年中行事와 儀式으로 본 근세 왜관」, 고려대학교 일본연구센터 『일본연구』 15집.
- _____, 2015, 「조선 후기 문위행(問慰行)에 관한 재고(再考)-1635년 사행 및 막부의 재정원조를 중심으로-」, 『한일관계사연구』 50.
- _____, 2018, 「조선 후기 조일외교」, 동북아역사재단 한국외교사편찬위원회편, 『한국의 대외관계와 외교사 - 조선편』, 동북아역사재단.
- _____, 2019, 「17세기 초 조일 국교 재개와 쓰시마의 국서개작」, 남상구편, 『20개 주제로 본 한일역사 쟁점』, 동북아역사재단.
- 윤용출, 1999, 「17세기 중엽 두모포왜관의 이전 교섭」, 『한국민족문화』 13.
- 이승민, 2005, 「조선 후기 대일무역상의 폐해와 己巳約條(1809)의 체결」, 『한일관계사연구』 22.
- 이상규, 1998, 「17~18세기 동래부에 파견된 왜학 역관의 기능」, 『청계사

학회』14.
- _____, 2010, 「仁祖代전반 問慰行 연구」, 『한일관계사연구』35, 2010.
- 장병인, 1996, 「조선 전기의 강간범죄-처벌 사례에서 나타나는 위정자의 인식을 중심으로-」, 『역사학보』150.
- 장순순, 1996, 「조선 후기 왜관의 설치와 이관교섭」, 『한일관계사연구』5.
- 정성일, 1994, 「1861~1862년 대마번의 밀무역 사건 처리 과정」, 『한일관계사연구』2.
- 홍성덕, 2013, 「조선 후기 한일외교체제와 대마도의 역할」, 『동북아역사논총』41.

- 長正統, 1971, 「路浮税考-肅宗朝癸亥約条の一考察-」, 『朝鮮学報』58.
- 糟谷憲一, 1979, 「なぜ朝鮮通信使は廃止されたか」, 『歴史評論』355.
- 森山恒雄, 1973, 「対馬藩」, 『長崎県史』史料編 第2, 吉川弘文館.
- 森山恒雄・片山直義, 1973, 「対馬藩」, 『長崎県史』藩政編, 吉川弘文館.
- 泉澄一編, 1984, 『続芳洲外交関係資料集雨森芳洲全書四』, 関西大学出版部, 1984.
- 永積洋子, 1999, 「平戸に伝達された日本人売買・武器輸出禁止令」, 『日本歴史』611, 1999.
- 加藤栄一, 1995, 「オランダ連合東インド会社日本商館のインドシナ貿易」, 田中健夫編『前近代の日本と東アジア』, 吉川弘文館, 1995.
- ジェイムス・ルイス, 1997, 「釜山倭館における日・朝交流-売春事件にみる権力・文化の相剋」, 中村質編『鎖国と国際関係』, 吉川弘文館.
- 田代和生, 1992, 「日朝交流と倭館」, 『日本の近世』6, 中央公論社.
- 荒野泰典, 1992, 「小左衛門と金右衛門ー地域と海禁をめぐる断章ー」, 『海と列島文化』10.
- 加藤栄一, 1994, 「出島論」, 岩波講座『日本通史』第12巻, 近世2, 岩波書店.
- 村井章介, 1995, 「三浦の乱時のソウル倭館」, 田中健夫 編『前近代の日

本と東アジア』, 吉川弘文館.
- 深瀬公一郎, 1998, 「鹿児島琉球館に関する基礎的考察」, 『沖縄関係学研究論集』4.
- 安藤保, 1996, 「琉球館小考」, 『前近代における南西諸島と九州』, 多賀出版.
- 深澤秋人, 1999, 「清代の福州琉球館」, 『沖縄タイムス』.
- 米谷均, 2000, 「一七世紀前期日朝関係における武器輸出」, 藤田覚 編 『十七世紀の日本と東アジア』, 山川出版社.
- 守屋浩光, 2017, 「対馬藩における'密貿易に対する処罰について-『罰責』掲載の判決の紹介を中心に-」, 『名城法学』67(2).
- _____, 2019, 「対馬藩における'交奸'について-'罰責'掲載の判決の紹介を中心に-」, 藩法研究会 編『幕藩法の諸相-規範・訴訟・家族-』, 汲古書院.

〈사료〉
- 『朝鮮王朝實錄』
- 『備辺司謄錄』
- 『邊例集要』
- 『增正交隣志』
- 『同文彙考』
- 『春官志』
- 『通文館志』
- 『萬機要覽』
- 『蓬萊故事』
- 『海行摠載』
- 『有懷堂先生集』
- 『通信使謄錄』

- 『通信使謄録』
- 『大明律』
- 『海東諸国紀』
- 『倭人作拏謄録』
- 『倭館移建謄録』
- 『謄録類抄』
- 『釜山府史原稿』
- 『大日本史料』
- 『通航一覧』
- 『交隣大昕録』
- 『草梁話集』
- 『交隣提醒』
- 『和交覚書』
- 『和館事考』
- 宗家記録『(館守)毎日記』, 일본 국립국회도서관 소장.
- 宗家記録『裁判記録』滝田権兵衛(2), 일본 국립국회도서관 소장.
- 宗家記録『分類紀事大綱』21, 「和館普請一件」, 일본 국립국회도서관 소장.
- 宗家記録『分類紀事大綱』23, 「移館一件」, 일본 국립국회도서관 소장.
- 宗家記録『分類紀事大綱』30, 「朝鮮人潜商集書」, 일본 국립국회도서관 소장.
- 宗家記録『分類紀事大綱』31, 「交奸一件」, 일본 국립국회도서관 소장.
- 宗家記録『分類紀事大綱』33, 「和館制札一件」, 일본 국립국회도서관 소장.
- 宗家記録『分類紀事大綱』付録「朝鮮国人参買売禁制之時裁判平田所左衛門被差渡朝廷ヨリ人参売被差許書付」, 일본 국립국회도서관 소장.

- 宗家記録『分類紀事大綱』付録「元禄十一年唐坊新五郎勤役之節町人飯束喜兵衛白水与兵衛人参潜商仕相手之朝鮮人共ニ両国被行御制法候一件日帳抜書」, 일본 국립국회도서관 소장.
- 宗家記録『参判家下行廊外向より監董ニ付被召仕候毎日記』, 일본 국립국회도서관 소장.
- 宗家記録『訳官船破船一件』, 한국 국사편찬위원회 소장, 기록류 No.1503.
- 宗家記録『改建制札真文弐通並和文』, 한국 국사편찬위원회 소장, 기록류 No.5245.
- 宗家記録『天和三癸亥年館守平田斎宮被差渡候節訓導別差江年寄中より相渡候書付並訓導方より之返答書写』, 한국 국사편찬위원회 소장.
- 宗家記録『交奸一件記録』, 한국 국사편찬위원회소장, 기록류 No.5200.
- 宗家記録『朝鮮諸役目壱ケ年御扶助之事』, 한국 국사편찬위원회 소장, 기록류 No.4130-5.
- 宗家記録『倭館僉官屋修理覚書』, 한국 국사편찬위원회 소장, 기록류 No.4155-2.
- 宗家記録『僉官屋修補日記』, 한국 국사편찬위원회 소장, 기록류 No.4794.
- 宗家記録『僉官屋修補仕様帳』, 한국 국사편찬위원회 소장, 기록류 No.4695.
- 宗家記録『館守家裁判家修理記録』, 한국 국사편찬위원회 소장, 기록류 No.4808.
- 宗家記録『東西館修理』, 한국 국사편찬위원회 소장, 기록류 No.4807.
- 宗家記録『東西館大修理』, 한국 국사편찬위원회 소장기록류 No.4155-3.
- 宗家記録『御用向真文並和解共訳官記録附録』, 한국 국사편찬위원회 소장, 기록류 No.1637.

- 宗家記録『信使易地講定訳官渡海御用向掛合記録』, 한국 국사편찬위원회 소장, 기록류 No.1009.
- 宗家記録『講定訳官記録』, 한국 국사편찬위원회 소장, 기록류 No.1629.
- 宗家記録『西館一特送使下行廊修理八ヶ月ニ而請取切ニ成候次第』, 한국 국사편찬위원회 소장, 기록류 No.4155-4.
- 宗家記録『参判家改建記録』, 한국 국사편찬위원회 소장, 기록류 No.4810.
- 宗家記録『西館参判使家上長屋焼失跡此節改建ニ相成候ニ付役々已下末々被差渡候事』, 한국 국사편찬위원회 소장, 기록류 No.4155-5.
- 宗家記録『外向より監董館守家大修理記録』, 한국 국사편찬위원회 소장, 기록류 No.4811.
- 宗家記録『外向より監董副特家開市大庁大修理記録』, 한국 국사편찬위원회 소장, 기록류 No.4812.
- 宗家記録『外向監董第一船一特上行廊一特下行廊修理記録』, 長崎県対馬歴史研究センター 소장, 記録類Ⅱ, 朝鮮関係 R9.
- 宗家記録『類聚書抜』, 長崎県対馬歴史研究センター 소장.
- 宗家記録『天保八丁酉年小良屋喜作・吉田屋友治刀潜商記録』『嘉永四辛亥年正月御手船宝徳丸水夫佐須奈村栄作脇差潜商記録』, 長崎県対馬歴史研究センター 소장.
- 宗家記録『元禄十年東平行ニ付釜山ニ而喧嘩則右之意趣御国江申上口上東莱与接待仕御国申上候状扣』, 長崎県対馬歴史研究センター 소장.
- 宗家記録『元禄十年より同十二年迄日帳抜書御状控』, 長崎県対馬歴史研究センター 소장.
- 宗家記録『朝市一件之記録』, 長崎県対馬歴史研究センター 소장.

찾아보기

ㄱ

가고시마 류큐칸[鹿兒島 琉球館] 40
가덕진 90
가마쿠라[鎌倉] 84
감관색리(監官色吏) 152
감옥(甘玉) 110, 127~129, 131, 137
개시감관(開市監官) 56
개시대청(開市大廳) 28, 32, 33, 56
개시무역(開市貿易) 29, 32, 54, 56, 58, 61, 63, 66, 69, 79, 111, 151
객사(客舍) 38, 134
게이초긴[慶長銀] 64
겐로쿠긴[元祿銀] 64
겐키치[源吉] 65~67
견강사(見江寺) 106
견명선(遣明船) 84
계고통사(稽古通詞) 151
계월(季月) 133

계해약조(癸亥約條) 41~43, 45, 46, 62~66, 68, 69, 71, 76, 77, 101, 104~106, 114, 134, 143
고화관(古和館) 25
공작미(公作米) 32, 42, 55, 68, 110, 112, 156
관수매일기(館守每日記) 29
관수옥(館守屋) 28, 30, 117, 136, 147, 161
관수일기(館守日記) 29, 32, 118, 159
교간(交奸) 14~16, 110, 122, 123, 125~134, 136, 137
교간약조 132
교린지(交隣志) 45
교서관(校書館) 88
교토[京都] 75, 79, 139, 142
구로다[黑田] 85
구루메[久留米] 85
국서(國書) 155

국서개찬(國書改竄) 81
권이진(權以鎭) 110, 131, 134, 159
금도왜가(禁徒倭家) 149
금산입각방약조(禁散入各房約條) 100
급가사기록(給假使記錄) 47
기사약조(己巳約條) 155~159
기유약조(己酉約條) 23, 45, 79, 88
기이번(紀伊藩) 139
기헤이[喜兵衛] 64, 72, 73
김검충(金檢忠) 92
김귀철 63
김근행 39, 89, 90
김재찬 156
김정남 72, 73

ㄴ

나가사키 부교쇼[長崎奉行所] 116, 123
나가사키[長崎] 29, 39, 40, 77, 85, 113, 123, 124, 139, 142
나가토[長門, 야마구치현] 76
난출(闌出) 15~16, 42, 44~46, 63, 98, 99, 104~106, 109, 111, 113~115, 122, 126
남송(南宋) 84
남응중(南膺中) 115
내번소(內番所) 34
노보세(路浮稅) 43, 44, 62, 63, 65, 67
노보세긴[登せ銀] 44
누케부네[拔船] 61

ㄷ

다대포(多大浦) 102
다례(茶禮) 34, 36, 47, 48
단목(丹木) 54, 55, 58
당상관(堂上官) 71, 72, 74, 89, 128, 129
당상역관(堂上譯官) 148
당하역관 143
대감동(大監董) 148, 149, 152, 154, 156, 157
대관(代官) 42
대관왜가(代官倭家) 149
대명률(大明律) 132
대전(大錢) 154
대전회통(大典會通) 133
대통사(大通詞) 151

데지마[出島] 40, 113, 123
도검(刀劍) 78, 79
도보 추에몬[唐坊忠右衛門] 65
도서(圖書) 53
도선주(都船主) 48
도요토미 히데요시[豊臣秀吉] 22, 11
도진야시키[唐人屋敷] 39, 41, 113, 123, 124
도쿠가와 요시무네[德川吉宗] 60, 75
도쿠가와 이에야스[德川家康] 22
도해역관사(渡海譯官使) 69
동관(東館) 24, 28, 33, 34, 146, 148, 149, 151, 154, 157
동래부(東萊府) 24, 30, 37, 38, 54, 56, 71, 105, 109~115, 117, 118, 134
동래부사(東萊府使) 34, 35, 38, 41, 47, 48, 90, 91, 100, 110, 111, 114, 118, 129, 131, 134, 152, 159
동래부사접왜도(東萊府使接倭圖) 35, 49
동래부지(東萊府誌) 38
동서관수보절목(東西館修補節目) 152
동평현(東平縣) 106, 108
동향사(東向寺) 28, 110, 149, 150
두모포(豆毛浦) 24, 101

두모포왜관 24~26, 34, 39, 40, 100, 101, 146, 148, 149, 160

ㄹ

로쿠주닌[六十人] 128
로쿠주쇼닌[六十商人] 128, 151
류큐[琉球, 오키나와] 29, 130

ㅁ

마쓰마에번[松前藩] 130
마키노시마[牧の島] 26
말린 해삼(煎海鼠) 60
명반(明礬) 54
모리타 타헤이[森田太兵衛] 67
목면(木綿) 32, 55
목수왜가(木手倭家) 152
무구류(武具類) 78, 83~86, 88, 91, 94
무로마치[室町] 78, 84
문위행(問慰行) 30, 61, 69~74, 76, 89, 105, 116, 127~129, 155, 156
문인(文引) 88, 89, 94
물소뿔(水牛角) 55, 57, 58, 90

미야자키[宮崎] 85

ㅂ

바쿠후 11, 22, 29, 42, 47, 58, 59, 61, 64, 75~78, 80~82, 85, 86, 93, 94, 103, 116, 124, 128, 130, 137, 140
박재창 71
반 누이노스케[番縫殿介] 29
백양산 104, 108
벌책(罰責) 137
벽서(壁書, 가베가키) 136, 137
변례집요(邊例集要) 104
변박(卞璞) 134
별차(別差) 37, 43, 101, 114, 116, 118, 152
병가(餠家) 149
보청봉행 147, 148, 153
복건 유구관(福建琉球館) 40
봉진(封進) 47, 48
봉진연(封進宴) 36, 48
부산광역시립박물관 42, 44
부산성(釜山城) 24
부산진(釜山鎭) 24, 87, 152
부산첨사(釜山僉使) 34, 37, 47, 48, 111, 114
부산포왜관회도(釜山浦倭館繪圖) 33
부산포지도(富山浦之図才) 106, 107
부산포초량화관지도(釜山浦草梁和館之圖) 86
부연역관(赴燕譯官) 56
빈일헌(賓日軒) 37

ㅅ

사스나[佐須奈] 74, 105, 116
사쓰마번[薩摩藩] 130
사역원(司譯院) 27
사지 우에몬[佐治宇右衛門] 32
사카노시타[坂の下] 36, 37, 101
사카이부교[堺奉行] 140
삼대청 35, 28
삼포 9, 10, 15, 38, 98, 99, 108, 122
생사 56
서계(書契) 33, 34, 88, 89
서관(西館) 24, 28, 33, 35, 116, 146, 154, 157, 159
서승왜가(書僧倭家) 149
석유황(石硫黃) 84

선격왜주인가(船格倭主人家) 149
선암사(仙巖寺) 104, 106, 115
선암사기(仙巖寺記) 108
설문(設門) 109, 134, 159
성신당(誠信堂) 37
세견선(歲遣船) 53
세키가하라[関が原] 22
소 요시가타[宗義質] 47
소 요시나리[宗義成] 47, 81, 82
소 요시미치[宗義方] 74, 132
소 요시아야[宗義章] 47
소 요시자네[宗義眞] 74
소 요시토시[宗義智] 22
소가죽 60
소감동(小監董) 148, 152, 156, 157
소뿔 60
소주가(燒酒家) 149
소통사(小通事) 37, 38, 43, 48, 63, 65, 67, 92
송사선(送使船) 53, 54
쇄국정책 24, 77, 124
수공은(手功銀) 147
수도서선(受圖書船) 53
수문(守門) 34, 41, 68, 109, 116, 122
수세관(收稅官) 56
수어청 24, 82, 91

수정동 24
숙배소(肅拜所) 34, 48, 100, 134, 159
숙배식(肅拜式) 36, 38, 48
순조(純祖) 48
시로스 겐시치[白水源七] 128
시로스 요헤이[白水與兵衛] 63, 66, 71
시마바라[島原] 85
신당(神堂) 149
신묘약조(辛卯約條) 131~134, 137
쓰시마 8, 10, 11~16, 22, 23~26, 28, 30~34, 36, 40, 42, 45~47, 53~26, 58~77, 80~89, 93~95, 101~106, 109~114, 116, 118, 119, 126~133, 136, 138, 140~143, 147, 159
쓰시마번[對馬藩] 23, 28~30, 42, 52, 65, 136, 137, 143, 155, 156, 141

ㅇ

안진(安縝) 90
야나가와 시게오키[柳川調興] 81
야나가와잇켄[柳川一件] 81~83
약조제찰비(約條制札碑) 42, 44
양역(兩譯) 37

에도 바쿠후[江戶幕府] 11, 22, 61, 93, 137
에조치[蝦夷地] 130
여악(女樂) 35, 36
역가은(役價銀) 39
역관 박재흥 39
역관사(譯官使) 69
역지빙례(易地聘禮) 155
역지통신(易地通信) 155, 156
연석문(宴席門) 35
연향대청(宴享大廳) 35, 34, 38, 47~49, 122
연향오년조선통신사등성행렬도(延享五年朝鮮通信使登城行列圖) 141
연향청(宴享廳) 24
염초(焰硝) 83, 84
영선산(營繕山) 37, 63, 77
영주동(瀛州洞) 37
오란다(네덜란드) 상관 113, 123, 124
오사카[大坂] 75, 77, 82, 85, 138, 140, 142
오우라 이에몬[大浦伊右衛門] 71, 72
오이리[五日] 44
오이리 잡물(五日雜物) 43, 45
오인통사(五人通詞) 151

오일 잡물(五日雜物) 45
오일차잡물(五日次雜物) 45
와키자시[脇差, 일본도] 85
와타나베 고에몬[渡辺小右衛門] 32
왜관간검절목(倭館看檢節目) 152
왜관도(倭館圖) 134, 135
왜관보청봉행(倭館普請奉行) 147, 148
왜인상경도로(倭人上京道路) 99
요비자키야마[呼崎山] 26
요시다 사쿠에몬[吉田作右衛門] 29
요시카와 사에몬[吉川左衛門] 47
용미산(龍尾山) 6, 8, 11, 26, 34
용초도(龍草島) 90
우란본(盂蘭盆) 100, 101
우마노리슈[馬乘り衆] 48
우암포(牛岩浦) 102, 103
원두표 89
유원각(柔遠閣) 37
유원관(柔遠館) 37
유혁연 89
유황(硫黃) 89~94, 82~87
유회(버드나무 재) 83
육행랑 28, 35
의사옥(醫師屋) 28
이데 소자에몬[井手惣左衛門] 126

175

이서우(李瑞雨) 100
이송년 72, 73
이악(二嶽) 63, 64
이에노부[家宣] 132
이완 87, 89
이웅상 87
이이쓰카 기헤이[飯束喜兵衛] 64
이토 코자에몬[伊藤小左衛門] 77, 85, 86
인삼 생초(生草) 75
인삼대왕고은(人蔘代往古銀) 59
인삼좌(人蔘座) 74
일본지(日本誌) 124
일본풍속도지(日本風俗圖誌) 41
임의백(任義伯) 90
임지죽(林之竹) 90, 92
임진왜란 10, 15, 22, 23, 38, 79, 98, 99, 151

ㅈ

자성대(子城台) 106
잠상(潛商) 60, 73, 74, 91
장계(狀啓, 보고서) 118
재관자(在館者) 34, 43~45, 47, 45, 56, 68, 98~101, 104, 106, 109, 110, 113, 115, 117, 118, 122, 127, 128, 134, 136, 137, 151, 159
재판(裁判) 30, 32, 55, 102, 103, 114
재판기록(裁判記錄) 32
재판옥(裁判屋) 28, 30
전패(殿牌) 38, 48
절영도(絶影島) 10, 26
정관(正官) 47, 48, 54
정묘호란 83
정치화(鄭致和) 91
젠베에[善兵衛] 105
조선도회(朝鮮圖繪) 102
조선인금제(朝鮮人禁制) 125, 126
조선통교대기(朝鮮通交大紀) 88
조센야시키[朝鮮屋敷] 103
조시(朝市) 41, 68, 100, 109~111, 122
조시약조(朝市約條) 41, 100
증정교린지(增正交隣志) 45, 88, 149
증정교린지증보(增正交隣志增補) 157
지세포 92
진상(進上, 封進) 38, 52, 54~56, 90

ㅊ

차왜(差倭) 53, 54
참근교대(參勤交代) 69
철공(撤供) 111, 114
철시(撤市) 111, 114
청(淸) 83
초닌[町人] 67
초량(草梁) 8, 67, 100, 134
초량객사(草梁客舍) 134
초량왜관 6, 8, 11, 12, 25, 28, 34, 36, 38~41, 100, 101, 142, 143, 146, 148, 149, 158, 160, 161
초량항(草梁項) 34
초량화집(草梁話集) 126
출선연(出船宴) 36

ㅌ

탄막(炭幕) 36
통사옥(通詞屋) 38
통사왜가(通事倭家) 149
통항일람(通航一覽) 126, 137, 138, 142, 143
특송선(特送船) 53

특주은(特鑄銀) 58, 59

ㅍ

판사(判事) 37
피기문 90, 92
피안(彼岸) 100, 101

ㅎ

하야시 후쿠사이[林復齋] 137
하카타[博多] 77
한국안(韓國安) 65
한천석 74
해동제국기(海東諸國紀) 106, 107
행장(行狀) 33, 56
호조(戶曹) 33, 39, 56, 91
화관(和館) 26
화관사고(和館事考) 126
황금(黃芩) 60
회답겸쇄환사 23
회사(回賜) 52, 54, 55
효종 83, 89
후추 54, 58

후카미 단에몬[深見弾右衛門] 127
후쿠오카[福岡] 77, 85, 162
훈도(訓導) 37, 38, 43, 101, 114, 116, 118, 152
훈련도감(訓鍊都監) 79, 82, 87, 89

히구치 구메에몬[樋口久米右衛門] 127
히라도[平戶] 123
히라타 쇼자에몬[平田所左衛門] 109

윤유숙 尹裕淑

고려대학교 사학과를 졸업하고 와세다대학 대학원에서 일본사를 전공하여 석사·박사학위를 취득했다. 주요 연구 분야는 일본근세사, 조선시대 조선과 일본의 교류사이다. 현재 동북아역사재단의 연구위원으로 재직 중이다. 주요 논저로는 『近世日朝通交と倭館』(岩田書院, 2011), 『근세 조일관계와 울릉도』(혜안, 2016), 『근세 한일관계 사료집Ⅳ-1764년 조선통신사기록 '조선인내빙기보력'』(공저, 동북아역사재단, 2020), 「조선후기 문위행의 사행활동 실태」(『한일관계사연구』 58, 2017), 「조선후기 조선·일본의 동남아시아 산물 교역」(『한일관계사연구』 70, 2020) 등이 있다.

동북아역사재단 교양총서 22
조선 후기 '왜관'의 세계

제1판 1쇄 발행일 2021년 12월 30일

지은이　윤유숙
발행인　이영호
발행처　동북아역사재단

출판등록　제312-2004-050호.(2004년 10월 18일)
주소　서울시 서대문구 통일로 81, NH농협생명빌딩
전화　02-2012-6065
팩스　02-2012-6189
홈페이지　www.nahf.or.kr
제작·인쇄　청아출판사
디자인　청아출판사

ⓒ 동북아역사재단, 2021

ISBN　978-89-6187-713-8　　04910
　　　　978-89-6187-406-9　　(세트)

- 이 책의 출판권 및 저작권은 동북아역사재단이 가지고 있습니다.
  저작권법으로 보호를 받는 저작물이므로 어떤 형태나 어떤 방법으로도
  무단전재와 무단복제를 금합니다.
- 책값은 뒤표지에 있습니다. 잘못된 책은 바꾸어 드립니다.